시적 순간

시집 산

시인동네
비평선 001

시적 순간

장석주 비평집

시인동네

서문

문학-목소리에 대하여

　서가를 정리하다가 서고(書庫)로 쓰는 신축 건물에 빗물이 스며 책들 몇 권이 못 쓰게 된 것을 발견했다. 책들은 빗물로 부풀고 그 상태로 굳어버려 판자처럼 딱딱해져 있었다. 곰팡이가 피어난 부분은 검게 변색되어 있었다. 벽돌같이 딱딱해진 책은 펼쳐지지도 않고 읽을 수 없었으니 죽은 것이나 마찬가지였다. 사람이 나이가 들며 늙어가는 것과 같이 종이들은 산성화되고 변색하며 책도 나이를 먹고 늙어 간다. 새 책들은 결국 헌책들이 되고야 만다. 헌책에서 풍겨 나오는 독특한 냄새는 좋다. 종이가 삭으며 뿜어내는 부패의 냄새다. 책의 물질성을 이루는 주재료인 종이는 세월이 가며 차츰 삭아간다. 그렇다 하더라도 빗물을 머금고 망가져버린 책들 앞에서 망연자실한 채 한참을 멍하니 서 있었다. 돈을 아껴 한 권 한 권 사 모은 것들이고 자식들

마냥 애지중지하는 것들이어서 더욱 속이 상했다. 일부는 절판되어 시중에서 구할 수 없는 것들이다. 썩는 책, 찢어진 책, 불타버린 책, 잃어버린 책, 누군가 훔쳐간 책……. 대체할 수 없는 것이 여러 방식으로 사라지는 일은 난감하다. 더 이상 읽을 수 없는 책들을 어떻게 할 것인가? 읽을 수 없는 책은 죽은 책, 그 존재 가치를 다한 책이다. 아무 짝에도 쓸모가 없는 쓰레기나 다를 바가 없는 사물이다. 며칠 동안 망가진 책들의 잔상 때문에 괴로웠다.

무리에 어울리기보다는 혼자 사유하는 것을 더 좋아했다. 일부러 사람을 기피하거나 경원할 까닭은 없었지만, 더구나 사람들에게서 따돌림을 당하고 배척받은 것도 아니지만, 사람들 사이의 그 하잘 것 없는 잡담들이 싫고, 기껏해야 남을 헐뜯는 허사(虛辭)들을 남발하며 시간을 헛되이 쓰는 것도 싫었다. 평생 가장 좋은 벗은 책이었다. 책들은 타자들의 목소리이기 때문이다. 책들은 타자들의 목소리를 담은 작품이고, 모종의 사건이다. 책은 펼쳐지기 전까지는 봉인된 비밀이다. 비밀들이란 타자에게서 오는 것, 타자들이 우연의 수신자인 내게 보내는 전언(傳言)의 세계, 환원 불가능한 타자 그 자체를 말한다. 책들에서 울려나오는 텅 빈 목소리들! 타자의 현전은 지워진 채 울려나오는 목소리들! 우리는 그 목소리를 통해 타자의 현전을 재구축한다. 그것들을 읽으며 독자는 공감하고 새로운 느낌을 만들며 그것을 확장한다는 뜻에서 독자는 그것에 공모한다. 독자들은 책[타자]에 삼켜졌다가 책에 의해 세계[차이의 타자들]로 뱉어내진다. 삼켜지고 뱉어내지는 과정에서 나[우연의 수신자]는 또 다른 나[차이의 타자들]로 변화한다. 책을 읽으면서 '나'는 자기동일성의 해체·전복을 거쳐 재구축

[자기동일성]되는 것이다. 책 읽기는 '나'에 의한 '나'의 새로운 발명 행위다. 고적함 속에 혼자 앉아 책의 세계 속으로 밀려들어가는 그 몰입의 시간이 좋았다. 그것은 내면에 떠도는 불안의 먼지들을 잠재우고, 나의 자기동일성을 진동시키다가, 다시 그것을 되돌려주면서, 안도와 위로, 그리고 기쁨을 더해 되돌려주었기 때문이다.

10대 말에서 20대 초까지 이광수·황순원·오영수·손창섭·이상·김유정 같은 우리 작가들, 김소월·서정주·김춘수·박목월 같은 시인들, 그리고 카뮈·카프카·니체·사르트르·헤밍웨이·가와바타 야스나리와 같은 작가들의 책을 읽었다. 그들의 영향권 아래에서 서정시를 끼적이며 막연하게나마 문학을 하겠다는 결심을 서서히 굳혀가고 있었다. 20대로 들어서면서 고은·김현·김우창·김수영·황동규·정현종·김승옥·최인훈·이청준 같은 동시대 우리 작가들의 책들, 바슐라르·콜린 윌슨·니코스 카잔차키스 같은 작가의 책들, 폴 발레리·말라르메·보들레르와 같은 프랑스 상징주의 시인의 시집들을 두루 구해 읽었다. 여전히 시를 쓰며, 시인의 길을 모색하고 있었다. 가장 큰 영향을 끼친 사람을 들자면 고은과 김현 두 사람이다. 평생 시를 쓰게 될 것이라는 운명은 확실해졌다. 아울러 마르쿠제·뤼시엥 골드만·프랑크푸르트학파, 『문학과지성』 『세계의문학』 『창작과비평』 같은 문학 계간지들을 열독하며, 문학에 대한 애정과 안목을 키워나갔다. 30대를 지나 40대에 이르러서 롤랑 바르트·발터 벤야민·미셸 푸코·들뢰즈·알랭 바디우·조르조 아감벤·에마뉘엘 레비나스·노자·장자 들을 본격적으로 읽어나갔다.

책을 읽는다는 것은 무엇일까? 모리스 블랑쇼는 "읽는다는 것은 제거이며 그것은 자신을 제거함으로써 자신을 성취하는 작동인 것"[1])이라고 말한다. 책은 반드시 내부에 움직이는 내밀성을 갖는데, '읽는다'는 행위는 그것에 반응하고 소통하며 관계 맺기를 하는 것이다. 자아는 책 앞에서 진동하고 소환당하며 요동치며 무너진다. 나타나며 사라지는 책의 본질과 끊임없이 소통을 시도하며 그것의 매개자가 되기 위해 교환 작용을 한다. 나타나며 사라지는 것은 책만이 아니다. 자아 역시 책을 읽는 동안 책 앞에서, 혹은 책과 더불어 나타나며 사라지기를 반복한다. '나'라고 믿는 그것, 자아는 어쩌면 실재가 아니라 관념의 그림자일지도 모른다. 우리는 '자아'를 개별적 동일자의 핵심으로 받아들이지만 그것은 본래적으로 우리 안에 존재하는 것이 아니라 "잡다한 작용들의 집합"이거나 "우리의 할아버지들과 할아버지들이 느끼고, 바라고, 생각했던 것의 창백한 반영"[2]에 지나지 않는 것인지도 모른다. 그럼에도 이 헛것이 우리 내부에 존재한다고 굳게 믿고, 그런 가설 위에서 자아를 길들이고 강하게 조련하려고 채찍질을 휘두른다. 있지도 않은 말에게 빨리 달리라고 채찍질을 하는 꼴이다.

인간은 모두 **나**로 태어나는가? 아니다. 우리는 그저 사람 일반으로 태어난다. 아무것도 씌어 있지 않은 빈 서판(書板), 완전한 문맹, 백지에 가까운 무지몽매한 어린 인류로 태어나 여러 경험을 겪고 배우며 비로소 확실성과 좌표를 갖고 개별자로 만들어지는 것이다. 내가 읽은 책들이 '나'를 발명했다고 말할 수 있다. 책 읽기는 한자리에서 점으로 부동한 채 눈동자만 굴리며 행하는 정적인 행위가 아니다. 그것은 꽤나 격렬한 운동이고 모험이다. 그런 점에서 책 읽기는 "자기 자신과 대결함으로써 자신을 증명하고, 자신을 확립하면서 자신을 중단

---

1) 모리스 블랑쇼, 『도래할 책』, 심세광 옮김, 그린비, 2011, 458쪽.
2) 야니스 콘스탕티니데스, 『유럽의 붓다, 니체』, 강희경 옮김, 열린책들, 2012, 139쪽.

시키는 작동인 것"³⁾이다. 나는 책과 더불어 살아왔다. 가장 오랫동안 독자로, 그다음은 책을 만드는 편집자로, 지금은 책을 쓰는 저자로 살고 있다. 책을 떠나서 내 삶을 얘기하는 것은 불가능하다. 책은 내 살이고 피, 그리고 내 삶의 지층이 되었다.

오랜 세월 동안 벗 삼고 전 존재를 기대며 살아온 그 책이란 무엇일까? 책은 외부를 갖지 않은 내부, 더 나아가 내부가 없는 내부다. 그 내부는 시작도 없고 끝도 없다. 내부를 이루는 것은 흔적, 기억과 공표, 이것과 저것 사이의 매질(媒質), 아직 오지 않은 내일들, 그것들이 불러일으킨 여파와 진동들이다. 먼저 책은 만들어지고 존재하는 것이다. 책은 딱딱한 표지와 그 안에 말랑말랑한 주름들을 갖고 있는 사물이다. 모리스 블랑쇼는 『도래할 책』에서 시인 말라르메를 논의하면서 "책은 그것을 읽는 인간 고유의 감각으로부터 자유로운 것과 마찬가지로 그것을 썼다고 생각하는 누군가의 이름으로 더럽혀져 있지 않고, 그 존재로부터 자유로우며 그러한 누군가에게 되돌아가는 것이 아닌 경우에 책인 것이다"⁴⁾라고 말한다. 책은 비인칭화되면서, 즉 저자에게서 독립하며, 비로소 단독으로 존재한다. 책은 저자의 소유물도 아니고, 그렇다고 독자의 것도 아니다. 책은 만들어지고 존재하는 한에서 그 자체의 것이다. 블랑쇼는 그 점을 "책이 가진 명백함, 그 명백한 반짝임, 이것은 책과 관련해 그것은 존재하고 현전하고 있다고 말하지 않을 수 없는 것이다"라는 문장으로 응축해낸다. 서가에 나란히 꽂혀 있는 책들을 바라보면 책들은 제각각 그 명백한 반짝임으로

3) 모리스 블랑쇼, 앞의 책, 458쪽.
4) 모리스 블랑쇼, 앞의 책, 430쪽.

저의 현존을 드러내지만, 항상 다른 여러 책들과의 연관 속에서 비로소 그 본질을 성취해낸다. 블랑쇼는 이렇게 말한다. "이것은 여러 권으로 이루어져 있어서 소위 그 자신 안에서 그것에 고유한 어떤 움직임을 통해 증식하는데, 거기서는 그것이 자신을 펼쳐 보이는 공간의 여러 깊이에 따른 다양성이 필연적인 형태로 성취되고 있다."[5] 책과 책들 사이에는 메아리가 치는데, 이 메아리는 책과 사람 사이에도 일어난다. 다시 말해 책과 책 사이, 책과 사람 사이에 울리는 메아리는 서로 떨어져 있는 그것들이 연결되어 있음을 알려주는 신호인 것이다. 책은 깊이를 가진 다양성이 필연적인 형태로 펼쳐진 공간이다. 모든 책은 두께를 갖고, 이 두께 속에 "사람의 사상, 사람의 일생, 세계의 모습이나 전 우주의 사건 등 다양한 요소들"[6]을 담는다. 이 두께는 차라리 삼라만상을 품어내는 여러 번 접힌 주름이다. 이 접힌 주름이 바로 책의 시공(時空)이다. 이 시공 안에서 음양의 대립과 융합이 서로 길항하며 소용돌이친다. 책을 읽는다는 것은 바로 그 소용돌이 속으로 기꺼이 들어가는 것이다.

　블랑쇼와 마찬가지로 스기우라 고헤이 역시 책이 존재적 사건임을 인정한다. 책은 정지해 있는 사물이 아니라 움직이며 자신을 만들어가는 사물이다. "책은 작은 존재이다. 하지만 책을 손바닥 안에 멈춘 채 정지되어 있는 것으로 생각하지 않고 움직이고 서로 대립하며 유동하고 확장하는 역동적인 그릇[容器]으로 생각한다. 그리고 풍양력(豊穣力)으로 가득 찬 모태(母胎)라고 생각한다. 다양한 힘을 삼키고 내

---

5) 모리스 블랑쇼, 앞의 책, 425쪽.
6) 스기우라 고헤이, 『형태의 탄생』, 송태욱 옮김, 안그라픽스, 2001, 163쪽.

뱉는 커다란 그릇, 커다란 항아리라고 생각한다."[7] 책은 부동성으로 응고된 그 무엇이 아니라 서로 다른 시간들과 다른 공간들을 품고 그것을 키우고 줄이며 움직인다. 그 운동은 불연속적이기는 하지만 여기서 저기로, 저기에서 여기로, 이 시간에서 저 시간으로, 저 시간에서 이 시간으로 선(線)과 흐름을 타면서 움직인다.

책은 항상 모호한 방식으로밖에는 말할 수 없다. 이를테면 "책은 갖가지 형식을 부여받은 질료들과 매우 다양한 날짜와 속도들로 이루어져 있다"[8]거나 "책은 하나의 다양체이다"[9]라고 말하는 것이 그 한 예다. 들뢰즈와 가타리에 따르면, 책은 새로운 언표이고 무의식을 생산하는 일이며, 무엇보다도 욕망을 생산하는 매개체다. 아울러 책은 리좀 그 자체다. 내가 『천 개의 고원』에 열광하고, 그것을 제대로 읽어내기 위해 10여 년 동안을 줄기차게 매달린 것은 처음 '리좀'이라는 개념이 불러일으킨 매혹 때문이다. "리좀은 변이, 팽창, 정복, 포획, 꺾꽂이를 통해 나아간다. 문자 표기법, 데생, 사진과는 달리, 또한 사본과도 달리 리좀은 생산되고 구성되어야 하며, 항상 분해될 수 있고 연결 접속될 수 있고 역전될 수 있고 수정될 수 있는 지도와 관련되어 있으며, 다양한 출입구들과 관련되어 있으며, 나름의 도주선을 갖고 있다."[10] 한 권 한 권의 책은 "하나의 배치물"이고, 즉 "사유 자체를 유목민이 되게 하고, 책으로 하여금 모든 움직이는 기계의 한 부품이,

---

7) 스기우라 고헤이, 앞의 책, 181쪽.
8) 질 들뢰즈・펠릭스 가타리, 『천 개의 고원』, 김재인 옮김, 새물결, 2011, 11쪽.
9) 질 들뢰즈・펠릭스 가타리, 앞의 책, 12쪽.
10) 질 들뢰즈・펠릭스 가타리, 앞의 책, 47~48쪽.

리좀의 줄기가 되게 하는 배치물"[11]이고, 그 자체로 리좀이다. 이 다양체는 리좀의 형식으로 뻗어가며, 순환하고, 빠져나간다. 나는 세계를 구성하는 최소 단위로서의 '점' 같은 존재인데, 책을 만나고 글쓰기를 하면서 '선'이 되고, '다양체'로 변신한다.

23세 때 첫 평론을 썼다. 지금 생각해보면, 평론 쓰기는 일종의 '도주선'이었다. 그날부터 나는 인류라는 속(屬), 백수라는 속, 허무주의자라는 속에서 벗어나 '도주선'을 타기 시작한다. 책의 등에 올라타서 책과 하나가 되어 달아났다. "n에서, n-1에서 써라, 슬로건을 통해 써라. 뿌리 말고 리좀을 만들어라! 절대로 심지 마라! 씨 뿌리지 말고, 꺾어 꽂아라! 하나도 여럿도 되지 마라! 다양체가 되어라! 선을 만들되, 절대로 점을 만들지 마라! 속도가 점을 선으로 변형시킬 것이다!"[12] 점에서 선으로! 리좀으로! 나는 기꺼이 다양체가 되고, 점에서 선으로 나아갔다. 아주 우연하게 시작한 평론 쓰기는 내 삶을 리좀-책으로 발명하고 나를 리좀으로 태어나게 만든 계기였다. 첫 평론 「존재와 초월─정현종론」을 쓴 것은 1978년 가을이다. 당시 나는 백수로 어디 매인 데 없이 지냈는데, 거의 날마다 정독도서관을 드나들며 소일했다. 도서관은 하나의 우주이자 어머니의 자궁이고, 서고에 있는 책 한 권 한 권은 도서관이라는 어머니의 새끼들이다. 최인훈에 따르면, "책-도서관-우주선-지구 기지-아기집[胎]"[13]은 서로 연결되어 있다. 정독도서관의 창가 자리를 차지하고 앉아 종일 책이나 읽으며 보

---

11) 질 들뢰즈·펠릭스 가타리, 앞의 책, 53쪽.
12) 질 들뢰즈·펠릭스 가타리, 앞의 책, 54쪽.
13) 최인훈, 『화두』 제1부, 민음사, 1994.

내던 중 어느 날 갑자기 평론을 써보고 싶다는 욕망이 일어났다. 참고열람실의 창문으로 흘러들어온 환한 햇빛이 내 어깨를 넘어 읽던 책 위로 떨어졌다. 그 햇빛들이 일으킨 낙관주의가 나를 사로잡았다. 그 가을의 환한 햇빛에 의해 고양된 의식과 낙관주의가 떠미는 대로 나는 평론 비슷한 글을 두 편 썼는데, 그중의 한 편이 뜻밖에도 1979년 《동아일보》 신춘문예 문학평론에 가작 당선되었다. 나는 엉겁결에 평론의 세계로 들어섰다.

그때 나는 왜 갑자기 평론을 쓰고 싶다는 욕망에 사로잡혔을까? 그것은 모호한 욕망이었는데, 아마도 그 욕망은 앎이라는 것과 관련이 있는 듯하다. 돌이켜 보니, 나를 책으로 내몬 것은 세계를 탐색하고 그것을 이해하려는 욕망이었다. 그 욕망으로 앎을 거머쥐고 그 앎은 욕망을 이끌고 자극하며 앞으로 나아가도록 만들었다. 나는 광범위한 책 읽기를 통해 내 안으로 흘러들어온 감각적 소여(所與)들과 앎이 속도와 힘이라는 신체적 감응으로 바뀌는 것을 어렴풋하게 느꼈다. 여전히 왕성한 독서가로서의 삶을 지탱하고 있었지만 나는 세계 안에서 자주 길을 잃고, 추상과 관념들에 떨어져 허우적거리곤 했다. 나는 상상하는 의식, 지식애에 빠진 자, 삶의 의미와 가치라는 광맥을 찾아 막장에 들어선 광부로서 세계와 마주 서 있었는데, 나는 왜 남들처럼 대학을 못 다니고, 왜 번듯한 직장도 없이 백수로 떠돌며 시립도서관 한구석을 차지하고 앉아 책이나 읽고 있는가? 그런 현실적 번뇌와 회의주의에 사로잡혀 이렇게 사는 삶이 가져올 미래는 과연 최소한도의 의미는 있기는 한가를 묻고 또 물었다. 그런 질문들을 스스로 던지면서 앎으로 향하는 궤적 속에 있는 '나'의 그 '다르게 존재함'의 의미를, 내 안의 욕망과 결핍들의 당위성을 해명하려는 의욕을 가졌던 것이다. 더 구체적으로 말하자면, 나는 누구인지, 내가 어디로 가고 있는지, 또 나는 호랑이나 독수리와 같은 맹금(猛禽)류와 어떤 차이를 갖고 있는지를 규명하는 동력으로서 내 앎의 깊이를 시험해보고, 그것을 바탕으로 한 편의 존재론적 드라마를 써보고 싶은 욕망을 가졌던 듯싶다.

36년째 문학비평 활동을 잇고 있지만, 여전히 문학은 모호하고 알 수 없는 그 무엇이다. 문학이란 무엇인가? 그것을 말하기는 어렵지만, 무엇이 문학이 아닌가를 말하기는 비교적 쉽다. 모호한 그대로 정의하자면, 문학은 언어를 매개로 하는 구조이고 그 구조를 구축하는 활동이다. 작가나 시인들이 '문학이라고 부르는 것', 아마도 그것은 라이너 마리아 릴케가 "시인의 본질에서 가장 내부에 있는 핵은 그가 자신이 시인이라는 사실을 알고 있다는 것 이외에 그 어떤 것도 아니다"라고 말한 문장을 바꿔 써보자면, "문학의 본질에서 가장 내부에 있는 핵은 문학 그것 자체가 문학이라는 사실을 알고 있다는 것 이외에 그 어떤 것도 아니다"라고 할 수 있을 것이다. 문학은 그것의 내부에서 스스로 문학이라고 추인하는 것 이상도 이하도 아니다. 더 쉽게 말하자면, 문학은 문학-책이다. "그러나 이 책은 여러 장르로부터 멀리 떨어져서 산문, 시, 소설, 증언 등의 여러 항목의 바깥에 존재하는 책이며, 이 항목들 아래 나열되는 것을 거부하고 이 항목들이 자신의 위치를 정하고 형식을 결정하는 힘을 가졌다는 것을 부정하는 것이다. 책은 이미 어떤 장르에 속하는 것이 아니라 그저 문학에 속할 뿐이다. 마치 문학이 그것을 통해서만 쓰인 것에 책이라는 현실성을 부여해주는 비밀이나 정식을, 일반적인 형태로 미리 소유하고 있기라도 하듯이 말이다. 이렇게 해서 장르가 뿔뿔이 흩어진 뒤에 문학만이 확립되고 있는 것처럼, 문학이 전개하고 모든 문학 창조가 이렇게 저렇게 다양화하며 반사하고 있는 신비한 빛 속에서 문학만이 빛나고 있는 것처럼, 바로 여기에 문학의 '본질'이 있는 것처럼 모든 일이 일어나는 것 같다."[14] 책은 바깥에서 우리에게 주어진 그 무엇이고, 바깥에서 안으로 밀려들어오는 그 무엇이다. 독자는 책과 만나면서 자기의 자기-됨, 즉 자기동일성이라는 닻을 내려 자기를 더 단단하게 만드는 한편, 책이 떠미는 대로 바깥의 세계로 밀려나간다. 이것이 문학-책을 읽을 때 우리가 일반적으로 겪는 변화다. 이 변화의 경험에 대하여 김우창은 다음과 같이 말하고 있다. "낯선 세계로 나아가면서, 우리는 우리로 남아 있으면서 나와 나의 세계와 낯선 세계가 다 같이 바뀌고, 바꿈의 전율을 통해서 새로운 하나의 세계로 통일됨을 경험한다."[15] 우리는 책을 읽으면서 타자의 경험을 내 것으로 수용하면서 그처럼 되고 싶다는 자극을 받는데, 실제로 나의 습관, 의지, 좌표가 바뀌기도 한다. 나를 바꾼다는 것은 자기동일성의 해체와 분열을 겪는다는 뜻이다. 그럴 때 "바꿈의 전율"을 겪는다. 두말할 것도 없이 우리는 문학-책을 읽으면서 생각이라는 것을 한다. 자발적인 생각은 의식 활동의 중요한 부분이다. 우리는 스스로 하는 생각을 통하여 삶을 자기동일성 안으로 수렴하며 사회적이고 역사적인 연속체라는 좌표 위에서 자기 삶의 위치가 어디인가를 가늠하며 그 의미를 생산한다. 그러니까 문학-책을 읽는다는 것은 우리를 사람 속의 우리, 사회적 연계 속의 나를 되돌아보게 하는 능동적 행위인 것이다.

---
14) 모리스 블랑쇼, 앞의 책, 379쪽.
15) 김우창, 『체념의 조형』, 나남, 2013, 116쪽.

문학-책은 죽었는가? 문학-책들이 덜 팔리고, 동네마다 있던 작은 서점들은 거의 문을 닫았다. 오늘날 오락 산업이 번창하는 이면에 진지한 문화의 쇠약이 자리잡고 있다. 수질 오염과 함께 농촌에서 여름 밤에 공중에서 반짝이던 반딧불이들이 급격하게 사라져버렸듯 문학-책에 덜 우호적인 방향으로 문화 생태적인 변화가 일어나고 있다. 반딧불이의 미광이 떠다니던 밤들은 아득한 과거의 목가적 풍경이 되고 말았다. 그 대신에 밤의 어둠 속을 휘젓고 다니는 것은 인공 조명들과 자동차의 강력한 서치라이트의 빛들이다. 어둠 속에서 희미하게 반짝이는 반딧불이의 미광이 밤이 우리에게 보내는 "가장 단순한 역량으로 환원된 인간성을 은유"[16]하는 것이었다면, 인공 조명과 서치라이트의 이 눈부신 빛은 생명이 없는, 반생명적인 문명의 사나운 폭력성을 암시한다. 결국 밤의 어둠을 파괴해버리는 이 눈부신 광명에 적응한 눈들은 밤의 어둠과 공존하며 겸손하게 어둠의 작은 부분만을 물들이는 반딧불이의 미광을 견디지 못한다. 눈은 더 많은 문명의 빛을 원할 것이고, 반딧불이의 퇴출을 당연시할 것이다. 문학-책들이 과거의 권좌에서 퇴위하고 문화의 변방으로 물러나버린 지금의 현실조차도 어느 순간 완전히 사라져버릴지도 모른다는 우려를 낳는다. 반딧불이의 소멸이 예견되었듯이 어쩌면 문학-책이 사라지는 미래도 예견할 수 있을 것이다.

반딧불이의 잔존을 허락하지 않는 문명의 세계 속에서 우리는 문명의 빛을 소유한 대신에 흑요석 같은 밤의 어둠이 품은 신비를 잃었다.

---

16) 조르주 디디-위베르만, 『반딧불의 잔존』, 김홍기 옮김, 길, 2012, 31쪽.

대량생산되는 물건들의 홍수 속에서 빨리 쓰고 빨리 버려지는 소모품의 교체 주기에 길들여지는 동안 하나의 물건을 오래 품고 살며 모서리가 닳아버린 애장품의 안 보이는 어딘가에 서리는 갖가지 추억의 무늬들을 더는 갖지 못한다. 그 대신 우리는 힘들이지 않고 얻을 수 있는 표준화된 지식들, 그것을 무차별적으로 퍼뜨리는 매체의 광역화, 그 영향 아래서 일어나는 개별자들의 욕망의 획일화 현상 속에서 산다. 인류는 대규모 멸종, 집단 학살, 느닷없이 닥치는 종말의 시간, 즉 더 이상 전망도, 진리도, 계시도 없는 묵시록의 시간을 향해 점점 더 다가가고 있다. 문학-책이 사양화되면서 문학의 종말에 대한 불길한 담론들이 나온 것은 어제 오늘의 일이 아니다. 문학이 죽었다라고 말하는 사람도 드물지 않다. 하지만 99.9퍼센트가 사라졌다고 해도 0.1퍼센트가 살아남았다면, 사라진 것이 아니다. 일본의 젊은 철학자 사사키 아타루는 고대 그리스인들이 쓴 책들 대부분이 사라졌지만, 천 권 중에서 한 권이 남아 있을까 말까 하는 상황을 거론하면서 그 0.1퍼센트의 책들이 어떤 기적과 승리를 만들어냈는가를 이렇게 말한다. "0.1퍼센트밖에 남지 않았다고 해도 99.9퍼센트의 사멸을 넘어 그리스 문화는 이슬람 문화를 키우고 유럽을 창출했으며, 우리 세계의 초석이 되었습니다."[17] 살아남은 0.1퍼센트의 그리스 문화가 승리를 했듯이 문학의 부피와 영향력이 과거에 견줘 현저하게 줄었다고 해도 아주 죽은 것이 아니다. 문학은 여전히 살아 있다.

열한 번째 평론집의 제목으로 『시적 순간』을 선택한다. 이 선택의 사

---

17) 사사키 아타루, 『잘라라, 기도하는 그 손을』, 송태욱 옮김, 자음과모음, 2012, 236쪽.

정에 대한 설명이 필요하다. 시적 순간이란 서치라이트의 강력한 빛이 터지는 순간이 아니라 반딧불이가 어둠 속에서 미광을 반짝거리는 순간이다. 현대 문명은 과도한 조명으로 밤의 어둠을 말살하고, 반딧불이들을 밀어냈다. 시적 순간이란 반딧불이와 마찬가지로 곧 사라지고 말 운명에 처해 있다. 그렇다 하더라도 반딧불이들이 보여주는 중요한 생태적 지표나 목가적 삶의 아름다움에 대한 은유가 사라지는 것은 아니다. "밤이 최고로 깊어진 시간에야 우리는 최소의 미광까지 포착할 수 있고, 빛의 꼬리가 아무리 가늘어도 그것을 통해 여전히 빛의 날숨 그 자체를 볼 수가 있다."[18] 반딧불이와 시인의 운명은 닮아 있다. 반딧불이가 시인이라는 은유를 온전하게 감당할 수 있다면, 밤의 어둠 속에서 반짝거리는 반딧불이의 미광을 시라고 말하지 못할 까닭은 없다. 시적 순간은 물구나무를 선 채 세계를 바라보는 찰나이고, 뇌의 전두엽에 영감의 우레가 울려 퍼지며 창조의 자궁에 최초의 시적 이미지들이 착상하는 시간이다. 시인들은 그 시적 순간을 위해 살며, 그 시적 순간 속에서 시를 빚어낸다. 제 피를 찍어 시를 한 줄 한 줄 적어 내려가는 시인들이 단 한 사람이라도 있는 한 반딧불이가 완전히 생태계에서 소멸되었다고 말할 수는 없다. "그들은 여전히—그러나 어디로부터?—경이로운 그들의 산발적인 신호를 발산하고 있는가? 그럼에도 불구하고, 기계의 전체에도 불구하고, 어두운 밤에도 불구하고, 사나운 서치라이트에도 불구하고, 그들은 여전히 어디선가 서로를 추구하고, 서로 대화하고, 서로 사랑하고 있는가?"[19] 시인들은 밤의 어둠들을 무찌르는 문명의 편이 아니라 어둠과 친화하며 공

---

18) 조르주 지지-위베르만, 앞의 책, 31쪽.
19) 조르주 지지-위베르만, 앞의 책, 45쪽.

존하는 소수적 빛의 존재들로 떠돈다. 시인들은 시적 순간들을 잡아채 그 경험들을 언어와 이미지로 바꿔 송신(送信)한다. 나는 여전히 좋은 시집들을 찾아 읽으며 세상에 소개하는 일에 보람을 느낀다. 하지만 그 보람은 점점 더 작아지고 희미해지고 있다.

36년째 비평 활동을 해오며 지금까지『한 완전주의자의 책 읽기』『비극적 상상력』『세기말의 글쓰기』『문학의 죽음』『문학, 인공정원』『풍경의 탄생』『장소의 탄생』『들뢰즈 카프카 김훈』『상처 입은 용들의 노래』『시의 황금시대』등등 문학평론집 열 권을 내놓았다. 평론이라는 장르의 가장자리에 놓을 수 있는『20세기 한국문학의 탐험』『나는 문학이다』『소설—장석주의 소설창작 특강』『글쓰기는 스타일이다』와 같은 책들도 냈다. 열한 번째 평론집을 내면서, 나는 열두 번째 평론집을 내놓을 수 있을까 하는 의심을 떨쳐내기 힘들다. 예전에도 그랬지만 지금도 여전히, 아니 예전보다 더욱 평론집을 내는 일은 힘들다. 출판할 수 없는 책을 쓰는 일만큼 비참한 일은 없다. 그런 이유에서 더 이상 평론 쓰는 일을 폐업할지도 모른다. 안타깝지만 어쩔 수 없는 일이다. 평론가라는 이름을 얻은 뒤 지난 서른여섯 해 동안 평론집 열 권을 써낸 수고를 감당했다는 것만으로도, 나 스스로를 조용히 격려하고 싶다.

2015년 3월
장석주 씀

차 례

서문 ■ 문학-목소리에 대하여 • 5

제1부

방의 시학 — 문학과 공간에 대한 사유 • 25

정치적인 것의 가장자리에서 — 재난 앞에서 • 44

무사(無事)합니까 : 감각적인 것의 정치학
— 랑시에르의 "감각적인 것의 분배"라는 사유에 기대어 • 58

장소와 시 • 87

혼돈 그 이후 • 99

동물로 변신하기 • 109

제2부

시와 치유 • 129

무의식과 상상력 • 148
  1. 무의식을 노래하라
  2. 무의식 : 내면에 숨은 자아를 비추는 등대
  3. 질병은 몸이 지르는 무의식의 비명

몸과 시 • 168
  1. 나 : 우주 속의 또 다른 우주
  2. 몸의 소리가 곧 마음의 소리다
  3. 가야 할 먼 길 : 머리에서 심장에 이르는 길
  4. 생명의 소리, 무의식의 소리

제3부

직관과 화엄(華嚴) — 고은의 시들 • 185
  1. '고은'은 시의 보통명사
  2. 「문의마을에 가서」 읽기
  3. 「폐결핵」 읽기
  4. 고은의 선시(禪詩)에 관하여
  5. 삶도 사랑도 동사(動詞)다
    —『상화 시편—행성의 사랑』『내 변방은 어디로 갔나』

제1부

방의 시학 —문학과 공간에 대한 사유

프롤로그

사람에겐 방이 필요하다. 살고 죽기 위한 공간들! 방은 현존을 회임해서 낳고 기르는 곳이고, 아직 형태가 분명하지 않은 자아가 출현하는 무대이다! 방들 : 경험의 무대이자 실존의 막후(幕後). 방은 인간의 생물학적 필요조건의 상당 부분을 감당한다. 어떤 이는 "수수께끼 같은 이 방들을, 방의 벽들에 남아 있는 흔적들, 소리를 죽인 속삭임들, 억제된 감정들, 음모들, 밀도 있는 풍부한 삶과 상상의 숲속 오솔길들"[1] 때문에 사랑한다. 하지만 영구적인 방은 없다. 방들은 미래

---

[1] 미셸 페로, 『방의 역사』, 이영림·이은주 옮김, 글항아리, 2013, 643쪽.

에서 와서 빠르게 과거로 흘러간다. 삶이 그렇듯이 과거의 방들은 시간의 흐름 속에서 삼켜지고, 이윽고 사라진다.

1.

애초에 방들의 통사를 쓰려는 의도나, 방의 도상학이나 계보학을 펼쳐볼 욕심은 없었다. 잠에서 깬 아기들의 울음소리, 허공을 가르는 환자들의 단말마와 같은 비명들, 가벼운 병을 앓는 이들의 연속적인 기침 소리, 허공에 파동을 만드는 노인들의 뜻 없는 잠꼬대, 교접하는 남녀들의 환희에 찬 교성, 돈에 쪼들리는 이들의 지층이 울릴 듯 깊은 한숨이 흘러나오는 방들이 "내면성, 뇌, 기억의 은유이자, 낭만적이며 나아가 상징적인 상상에서 비롯된 위풍당당한 수사"[2]라고 할 때 방을 중심 공간으로 삼은 시인의 상상들을 따라가며 그 숨은 의미들을 더듬고 떠오른 생각의 조각들을 몇 자 적으려고 했을 뿐이다. 방들은 거주 장소, 삶의 작은 공간이다. 우리는 방에서 태어나고 방에서 살다가 방에서 죽는다. 방들만큼 사람의 욕망, 태도, 경험의 출현이 잦은 무대는 없을 것이다. 실존의 속살을 이루는 사건들의 중심이자 그 무대인 방을 들여다보고 시인들은 어떤 상상력을 펼쳤을까? 이 자아 중심적 공간을 둘러싼 스캔들을 추적하고, 개별자들의 내밀한 기질과 취향을 은밀하게 기르는 공간들이 내는 목소리에 귀를 기울이는 「방의 시학」은 문학과 공간에 대한 의미 있는 사유로 나아가는 촉매, 혹은 하나의 시작점이 될 수도 있을 것이다.

---

[2] 미셸 페로, 앞의 책, 16쪽.

2.

먼저 공간에 대해 생각해보자. 빈틈, 펼쳐진 중력의 장(場)들. 공간은 방에서 우주까지, 아주 넓다. 공간은 벌판·초원·바다·하늘·사막·협곡·고원·산악 지대 같은 지리적 자연 경관들, 학교·병원·감옥·병영·사무실·극장·쇼핑몰·상가들을 포괄하는 인공적 공간들, 그리고 집·건축물·주거 취락·거리·공원·광장·시장·전쟁기념박물관·관공서들·위성도시·대도시 등등 인간 활동이 일어나는 깊이와 밀도와 입체성을 갖는 물리적 환경 모두를 아우른다. 공간은 내부와 외부를 갖는데, 그것은 시간의 화육(化肉) 속에서 나타나는 삶의 자리이다. 물질성을 받아내기 위한 텅 빔, 극단적인 결여로서의 실재! 공간은 항상 좁거나 넓다. 사람은 공간의 일부로 포획되고, 그 안에서 공간에 대한 지각을 바탕으로 제 삶을 꾸린다. 물질화된 삶의 양식들은 공간의 제약 속에서 실현되는 그 무엇이다. 아울러 문명화란 원시의 자연적 공간을 질서와 의미로 가득 찬 실존의 공간으로 바꾸는 과정일 것이다. 무엇보다도 공간들은 삶을 분할한다. 더 정확하게 말하자면, 그 분할은 삶의 계기적 시간들의 나눔이다. 시간은 흐르면서 공간에 제 흔적들을 새긴다. 공간은 시간의 흔적들이 새겨지는 명판(名板)이다. 시간은 항상 부재와 망각의 형식으로서만 불러올 수 있다. 흘러간 시간, 과거의 역사는 어디에 있는가? 그것들은 공간 안에, 부재와 망각으로, 명멸한다. 이광호는 장소에 대한 사유를 유려한 문장으로 풀어 쓴 책에서 그런 사정을 다음과 같이 적고 있다. "장소는 시간을 앞지르지 못한다. 장소는 시간의 몸을 입고 있으며 내밀한 이야기를 품고 있다. 장소를 둘러싼 이야기는 완전히 드러날 수 없으며 이해받을 수도 없다. 장소의 의미가 타오르던 극적인 순간은 결국 사라진다. 어떤 호명에 의해서도 장소의 의미가 온전히 드러나지 않는다는 측면에서, 장소는 이름으로부터 초연하다. 하나의 고독한 시선이 장소를 발견했다고 해도 장소는 그의 고독을 완성해주지 않는다. 장소는 시선보다 절대적인 고독 속에 있다. 장소는 위태로운 기억과 망각, 기다림의 순간 속에 명멸한다."3) 장소에 응축된 시간성을 배제할 때 공간은 기억의 부재로 말미암아 보다 적나라하게 드러난다. 장소가 품은 공간들은 흐름이 멈춘, 유동성을 지운 시간의 피안(彼岸)이다. 그것은 끊임없이 부재의 현존을 생성하면서 망각에 저항한다. 장소의 공간성은 시간의 소여 속에서 의미화할 수 있다. 시간은 이내 그 의미들을 회수한다. 그리하여 공간들은 기억과 망각 사이에서 아주 희미한 반(反)-시간성으로만 겨우 반짝거릴 수 있다.

3.

사람은 항상 자기 자신을 지각 공간의 중심으로 인지한다. 문턱을 넘어서 내부에서 외부로 나아갈 때조차 지각의 중심은 자기 자신이다. "우리가 움직일 때마다 우리를 둘러싸고 있는 동심원 역시 움직이기 때문에, 우리는 항상 지각 공간의 중심이며 그래서 항상 장소 안에 있다."4) 사람이 장소/공간들 속에서 살며 그것에 길들여져 가는 동안 장소/공간과 실존은 상호삼투한다. 공간들이 삶의 양식을 제약하고 만드는 힘을 갖는다는 것은 진실이다. 장소들은 공간들을 품는

---
3) 이광호, 『지나치게 산문적인 거리』, 난다, 2014, 12쪽.
4) 에드워드 렐프, 『장소와 장소상실』, 김덕현·김현주·심승희 옮김, 논형, 2005, 117쪽.

데, 이때 장소들은 "다양한 생명의 표출, 다양한 진동, 다양한 화학적 증발, 다양한 별들이 가진 다양한 자력"[5]을 드러내는 지평이다. 차라리 이 세계는 많은 공간들이다. 사람이 산다는 것은 이 공간 안에서 일어나는 실존적 사건 이상도 이하도 아니다. "우리는 공간 안에서 살아가고, 공간 속에 우리의 인성을 투영하며, 공간에 감성의 끈으로 묶여 있다."[6] 그런 맥락에서 공간은 삶을 품고 부화시키며 변화와 번성으로 이끄는 기초적 토대이다. 김수영이 「가옥 찬가」[7]에서 "무더운 자연 속에서/검은 손과 발에 마구 상처를 입고 와서/병든 사자처럼/발가벗고 지내는/나는 여름"이라고 노래할 때, 집은 내부로써 그 정체성을 드러낸다. 거친 자연이 외부라면, 누군가의 시선에 방해를 받지 않고 발가벗고 지낼 수 있는 내부가 바로 집이다. 집은 공간의 내부이고, 그 집 속의 방들은 내부의 내부다.

집은 이미 실현된 유토피아다. 집은 삶의 내밀한 기억과 비밀들을 간직한다. 집은 세계의 중심이고, 의미와 기억의 중심이다. 아울러 그 집에서 삶의 시간들 대부분을 보내며 자아의 내밀한 곳에 공간적 정체성을 각인하는 '나'는 그 중심의 또 다른 중심이다. 이 유토피아는 심리적 피난처이자 사적 생활의 중심이 되는 방들을 거느린다. 우리는 이 유토피아라는 자명성과 더불어 '세계의 비참'과 마주서는 것이다. "'자기 집'이 정숙한 내밀성과 가족적 질서의 재생산이라는 필요조건들을 충족시키기를 그치고, 정치적 영역 안에서 새로운 노마드적 정향

---

[5] D. H. 로렌스, 에드워드 렐프, 앞의 책, 115쪽, 재인용.
[6] 조르주 마토레(Georges Matoré). 에드워드 렐프, 앞의 책, 44쪽, 재인용.
[7] 김수영, 『김수영 전집 1』, 민음사, 1981, 162~163쪽.

을 받아들일 수 있다면 무슨 일이 일어나는가? 또 주거가 더 이상 사적인 것과 공적인 것의 나눔을 인정하지 않고, 반대로 '세계의 비참'을 자신의 방식으로 환대하면서 그러한 나눔에 반대한다면 무슨 일이 일어나는가? 이제 사적인 것 안에서의 나르시스적인 흡입은 잘려져야 하고, 자기가 아닌, 자기 집의 구성원 중 누구도 닮지 않은 누군가의 침입이 필요하다."[8] 태풍이 불어닥쳐 마당에 심은 버드나무가 바람에 흔들리며 악마같이 아우성을 치고, "하얗게 마른 마루 틈" 사이로 바람은 거칠게 들어온다. 마루 틈들로 거칠게 비집고 들어오는 바람은 외부에서 내부로 밀려드는 힘들의 표상이다. 이것이 나르시스적 흡입에서 우리를 끊어내는 것, 바로 낯선 어떤 힘의 침입은 아닐까? 이 안전 가옥에 존재한다는 느낌에 겨워 "집이 여기에 있다고 외쳐라"라고 외치면서, 동시에 시인은 집 바깥에 있는 자들, 실직자·방랑자·걸인들의 자유로움을 부러워한다. 이 '가옥 찬가'가 "폭풍의 목가"일 수 있는 것은 그 때문이다. 그 노래의 핵심은 태풍이 올 때 자연의 위협에서 자신과 가족의 안전을 담보할 수 있는 집을 가진 자의 자긍심과 기쁨인데, 시인은 그것을 한 번 더 뒤집는다.

4.

　단도직입적으로 묻자. 방이란 무엇인가? "방은 실재적인 동시에 상상의 공간이다. 네 개의 벽과 천장, 바닥, 문, 창문이 방의 물질적인 측면을 이룬다. 방의 규모와 형태, 장식은 시대와 사회 환경에 따

---

8) 기욤 르 블랑, 『안과 밖—외국인의 조건』, 박영욱 옮김, 글항아리, 2014, 239쪽.

라 같은 방식으로 나타난다. 방의 밀폐성은 마치 성사처럼 집단과 남녀, 그리고 개인의 내밀성을 보호한다. 따라서 문과 방의 마스코트인 열쇠, 그리고 신전의 장막과도 같은 커튼이 상당히 중요하다."[9] 방에서 휴식·출산·긴 잠·욕망·사랑·모의·협잡·명상·기도·독서·집필·칩거·병·임종이 이루어진다. 방은 침실이자, 서재이다. 은신처이자 휴식처이다. 뿐만 아니라 사생활이 번성하는 소굴이고, 사방이 벽으로 된 동굴이며, 덮개가 있는 소우주다. 우리는 일생 중 많은 시간을 방에서 보낸다. 자신만의 공간을 갖고자 하는 욕망은 아주 오래된 것이다. 막 사춘기를 넘어설 무렵 어린 독서광이었던 나는 얼마나 간절하게 방을 갈망했던가? 자유롭게 뒹굴고 책을 읽으며 글을 끼적일 수 있는 나만의 방에 대한 갈망은 가난한 집의 장남이었던 내게는 불가능한 꿈이었다. 방에 대한 욕망은 개인적인 자유를 누리고자 하는 은밀한 욕망과 깊이 결부되어 있고, "문명과 시간을 관통"[10]하는 것이다. 이 방에서 사람들은 내밀한 삶의 역사를 쓴다. 사랑과 기쁨의 역사를, 그리고 불행과 증오의 역사를. 무수한 방들은 무수한 이야기들을 품은 세계이기도 하다.

여기는 지상에 있는 방 한 칸. 나는 여기서 봉인된 채 녹슬어가는 중입니다. 지리멸렬한 문장들이 구름처럼 떠돌다 목마름으로 내려옵니다. 내가 꿈꾸는 것은 매일 조금씩 지워지는 것. 누구도 눈치채지 못하게 나를 덜어내는 일. 이 도시가, 사회가, 친구가, 애인이, 지하실 박스 속에 담겨 몇 년째 풀지 못해 썩어가는 책들이 나를 들춰

---

9) 미셸 페로, 앞의 책, 11쪽.
10) 미셸 페로, 앞의 책, 141쪽.

보고 조금씩 떼어먹기를, 그리하여 어느 여름날 선풍기 바람에 흔적 없이 날아가버릴 수 있으면. 부치지 못한 편지들은 부치지 못한 대로 잠들고, 집 나가 돌아오지 못한 마음은 살아서 내 죽음을 지켜보길. 그러니 하나도 새롭지 않은 절망이여 날마다 가지 치고 어서 꽃피워 융성해지시기를. 내가 지워진 자리, 내가 지워진 세상을 가만히 만져본다. 따뜻하구나, 거기 나 없이 융성한 저녁이여.

—이승희, 「부치지 못한 편지」[11]

방은 망망대해 같은 이 세상에서 숨을 수 있는 은밀한 공간, 즉 은신처다. 이 방의 한가운데 침대가 있다. 침대는 잠과 사랑의 요람인데, "내밀한 몸받이인 침대는 몸의 비밀을 간직한다."[12] 사람이 잠을 자기 위해 방에 머무는 동안 방은 실존을 위해 필요한 하나의 기반, 하나의 조건이다. 이 기반과 조건 속에서 여기의 의식이 출현한다. 에마뉘엘 레비나스는 그 사실을 이렇게 말한다. "의식의 여기, 즉 의식이 잠자는 장소이자 의식이 자기 안에서 도피하는 장소는, 하이데거의 현존재에 함축되어 있는 거기(Da)와는 근본적으로 다르다. 현존재는 이미 세계를 함축하고 있다. 우리가 말하는 여기, 자리로서의 여기는 모든 이해, 모든 지평과 모든 시간에 선행한다. 의식이 기원이라는 것, 의식은 의식 자체로부터 출발한다는 것, 의식은 존재자(existant)라는 것은 사실 자체이다. 의식의 삶 자체에서 의식은 늘 그것의 자리로부터, 즉 기반과의, 장소와의 선행하는 '관계'로부터 온다."[13] 육체가 점유

---

11) 이승희 시집 『거짓말처럼 맨드라미가』, 문학동네, 2012, 24쪽.
12) 미셸 페로, 앞의 책, 171쪽.
13) 에마뉘엘 레비나스, 『존재에서 존재자로』, 서동욱 옮김, 민음사, 2003, 118쪽.

한 공간이고, 생물적 삶의 중심을 이루는 거푸집인 방에 대한 경험을 갖지 않은 사람은 없다. 사람들은 이 방에서 잠·성·사랑·병·생리 현상을 고스란히 겪어낸다. 몸을 눕히고 잠드는 방은 근본적으로 거기와는 다른 여기다! 방은 거기가 아니라 여기에 머무는 나의 상태들을 아무 조건 없이 품는다. 바로 여기가 의식이 자기 안에서 도피하는 장소이자 의식의 기원이 되는 공간이기 때문이다. 이승희 시인에게 '방'은 존재를 봉인하는 공간이다. 시적 주체는 그 안에서 "녹슬어가는" 중이다. 그 방안에서의 삶은 지리멸렬함 그 자체이다. 꿈꾸는 것은 "매일 조금씩 지워지는 것"이라는 진술 속에는 음울한 전망이 깃들어 있다. 시적 주체는 그 안에서 삶이 아주 조금씩 지워지고, 썩어가다가, 결국은 "흔적 없이" 날아가버릴 것을 예감한다. 방이 "살아서 내 죽음을 지켜"볼 자리라고 말할 때, 방에서 "내가 지워진 자리, 내가 지워진 세상을 가만히 만져본다. 따뜻하구나, 거기 나 없이 융성한 저녁"이라고, 죽음 이후, '나'라는 주체가 소멸되어버린 세상을 가만히 만져보는 모습을 직관으로 엿볼 때, 그는 얼마나 깊은 비관주의자인가?

5.

방은 공간들의 단위에서 가장 작은 곳이다. 더 큰 세상은 이런 단세포들로 이루어져 있고, 사람들은 저마다 이 단세포에서 삶을 꾸린다. 어쩌면 개별자의 삶은 이 단세포를 이루는 하나의 입자일 것이다. 방과 실존적 내부성은 하나로 결합한다. 그런 까닭에 방은 행복이나 불행과 불가분의 관계를 맺는다. 파스칼이라는 사상가가 "인간의 모든 불행은 방에서 휴식을 취하며 지낼 수 없다는 오직 한 가지 사실에서 비롯된다"라고 단언한 것은 그런 사정을 꿰뚫었기 때문일 것이다. 가을비가 내리는 이국 도시의 뒷골목에 서 있을 때 근원이 분명치 않은 멜랑콜리가 몰려오는 것은 당연하다. 심재휘 시인은 그 멜랑콜리에 휩싸인 공간과 조우하는데, 그곳은 "상해의 변두리 시장 뒷골목"에 있는 중국인 맹인 안마사의 가게 방이다. 안마용 침상 하나가 놓인 중국인 맹인 안마사의 방은 세상의 중심에서 가장 멀리 떨어진 곳, 실존의 가장자리에 놓인 공간이다.

상해의 변두리 시장 뒷골목에
그의 가게가 있다

하나뿐인 안마용 침상에는 가을비가
아픈 소리로 누워 있다

주렴 안쪽의 어둑한 나무 의자에 곧게 앉아
한 가닥 한 가닥
비의 상처들을 헤아리고 있는 맹인 안마사

곧 가을비도 그치는 저녁이 된다

간혹 처음 만나는 뒷골목에도
지독하도록 낯익은 풍경이 있으니

손으로 더듬어도 잘 만져지지 않는 것들아

눈을 감아도 자꾸만 가늘어지는 것들아

숨을 쉬면 결리는 나의 늑골 어디쯤에
그의 가게가 있다

—심재휘, 「중국인 맹인 안마사」[14]

멜랑콜리는 지독한 피로와 무기력에서 시작되었을지도 모른다. 시적 주체는 중국인 맹인 안마사의 모습에서 도약과 생성이 없는 삶, 있음에서 무심히 떨어져나와 이미 고독으로 응고된 삶을 발견한다. 맹인 안마사가 점유하고 있는 공간은 방들의 실내악 중에서 가장 음울한 선율이 울려나오는 지상의 작고 쓸쓸한 방이다. 그는 가난하고, 그래서 그의 가게에는 오직 "하나뿐인 안마용 침상"이 있을 따름이다. 시인은 그 침상에 "가을비가/아픈 소리로 누워 있다"고 적는다. 밖에는 가을비가 내리고 있는데, 하늘에서 땅으로 내리는 가을비는 가게 안과 밖의 경계를 이루는 주렴과 상호조응한다. 중국인 맹인 안마사는 주렴 안쪽의 나무 의자에 앉아 주렴을 한 가닥씩 헤아리듯 빗줄기를 헤아리고 있다. 이 방을 물들이고 있는 정조는 쓸쓸함이다. 이 쓸쓸함이 범람하면서 의식의 기원과 출현을 삼켜버린다. 시인은 이 방을 구체적 삶의 공간이 아니라 실존이 처한 암울하고 비극적인 하나의 기반으로 보편화시킨다. 시인은 이 고립에 출구가 없다고 말하지는 않는다. 중국인 맹인 안마사가 무심히 "비의 상처들을 헤아리"고 있다고 쓴다.

---

14) 심재휘 시집 『중국인 맹인 안마사』, 문예중앙, 2014, 14~15쪽.

볼 수 없는 자가 사물을 인식하려면 손으로 더듬어야 할 것이다. 얼마나 많은 것들이 "손으로 더듬어도 잘 만져지지 않는 것들"인가! 그 절망 앞에서 맹인 안마사는 더 이상 절망하지 않는다. 그는 다만 고립과 고독으로 응고될 뿐이다. 시인은 맹인 안마사의 시름과 상처들에 크게 감응하며 자기의 것으로 전유(專有)한다. 이 짐작은 맞다. 이국의 도시 낯선 뒷골목에서 발견한 이 방은 어느 순간 "숨을 쉬면 결리는 나의 늑골 어디쯤"으로 미끄러지는 것이다.

6.

김수영은 방의 시학에서 누구보다도 높은 성취를 보여주었다. 일련의 시편들, 즉 「그 방을 생각하며」 「여편네의 방에 와서」 「누이의 방」 등등에서 방을 사유의 중심 공간으로 삼았다. 「방안에서 익어가는 설움」도 '방'을 사유의 대상으로 삼은 계열에 든다. '나'는 자기만의 시간을 오롯하게 누릴 수 있는 공간인 방안에서 "누구의 생활도 아닌" "확실한 나의 생활"을 응시한다. 김수영은 "방안에 설움이 충만되어 있는 것"을 발견하는데, 이 발견은 방안의 보잘 것 없는 기물들과 함께 그 안에서 이루어지는 "나의 생활이며 생명이며 정신이며 시대이며 밑바닥이라는 것"을 그토록 냉정하게 바라본 결과이다. '방안'은 낱낱으로 쪼개진 인생의 권태로운 국면들, 감정과 육체의, 혹은 성애적인 것의 출현이 가능한 공간이지만, 시인은 방에서 "설움이 역류하는 야릇한 것만을 구태여 찾아서 헤매"고 있다고 말한다. 설움이란 꿈과 혁명이 사산하는 비애의 다른 이름이다. 왜 설움인가? 설움이 좌절과 실패의 누적이 만든 경미한 분노이고, 분출하지 못한 채 내면에 응

고된 수동적 감정이라는 사실은 그렇게 된 사정을 짐작케 한다. '방안'
은 나르시시즘적인 권태와 무의미로 가득 찬 공간이기 때문이다.

비가 그친 후 어느 날—
나의 방안에 설움이 충만되어 있는 것을 발견하였다

오고 가는 것이 직선으로 혹은 대각선으로 맞닥뜨리는 것 같은
속에서
나의 설움은 유유히 자기의 시간을 찾아갔다

설움을 역류하는 야릇한 것만을 구태여 찾아서 헤매는 것은
우둔한 일인 줄 알면서
그것이 나의 생활이며 생명이며 정신이며 시대이며 밑바닥이라는
것을 믿었기 때문에—
아아 그러나 지금 이 방안에는
오직 시간만이 있지 않느냐

흐르는 시간 속에 이를테면 푸른 옷이 걸리고 그 위에
반짝이는 별같이 흰 단추가 달려 있고

가만히 앉아 있어도 자꾸 뻐근하면 가는 목을 돌려
시간과 함께 비스듬히 내려다보는 것
그것은 혹시 한 자루의 부채
—그러나 그것은 보일락 말락 나의 시야에서

멀어져가는 것—
하나의 가냘픈 물체에 도저히 고정될 수 없는
나의 눈이며 나의 정신이며

이 밤이 기다리는 고요한 사상(思想)마저
나는 초연히 이것을 시간 위에 얹고
어려운 몇 고비를 넘어가는 기술을 알고 있나니
누구의 생활도 아닌 이것은 확실한 나의 생활

마지막 설움마저 보낸 뒤
빈 방안에 나는 홀로이 머물러 앉아
어떠한 내용의 책을 열어보려 하는가
　　　　　　　—김수영, 「방안에서 익어가는 설움」[15]

　여기가 아니라 저기에로, 이 나라에서 저 나라로 탈주와 망명을 꿈꾸는 시적 주체들! 그들은 망명한다. 이 내밀한 망명자들이란 누구인가? "망명은 고국을 넘어서 자기에게 애착을 갖는 것으로 생각될 수 있다. 망명은 본성상 출발에서만 그 관계가 보존되는 타자들 삶 안의 자기 삶이면서, 동시에 본래 자기 삶 안의 타자들의 삶이다. 여기서 중요한 점은 이주자의 삶이 충만한 삶이었다는 것을 긍정하는 것도, 이주가 이 충만성의 취소라는 것을 강조하는 것도 아니다. 모든 삶이 그런 것처럼 이주자의 이전 삶도 부정적인 것 안의 삶이며, 옆에 놓인

---

15) 김수영, 앞의 책, 59~61쪽.

삶이며, 심지어 아래에 놓은 삶이다."[16] 망명자들은 자기 삶을 부정하고 질타하며 자기 밖의 삶을 선취한다. 그 선취는 자기부정을 동력으로 삼는 자기 갱신에의 의지를 통해 표현된다. 김수영은 자기 밖에서 '나'와 타자들 '사이'의 존재로 살았다. 그 '사이'가 김수영의 시적 주체들이 망명한 공간이다.

시간은 흐름, 이동, 미끄러짐이다. 이때 시간은 미시 역사들, 비밀스런 삶들, 이름을 갖지 못한 온갖 생성과 운동들을 포괄하고 흐른다. "아아 그러나 지금 이 방안에는/오직 시간만이 있지 않느냐"라는 구절은 시간의 역량이 공간이 품은 역량의 전위(轉位)인 한에서 공간이 시간-사건으로서 새롭게 발견된다는 사실을 말한다. 방은 예외 없이 곧 시간의 방인 것이다. 이 방들은 "가면과 옷을 벗고 격정과 슬픔, 쾌락에 자신을 내맡기는" 곳이며 "불면과 번민, 무의식과 내세로 넘어가는 창문인 꿈에 사로잡혀 가장 관능적이고 가장 고요하며 가장 적극적으로 야간 활동"[17]을 하는 공간이다. 김수영의 시적 주체는 그 '방안'에서 "흐르는 시간 속에 이를테면 푸른 옷이 걸리고 그 위에/반짝이는 별같이 흰 단추가 달려" 있는 것을 주목한다. '방안'에 걸린 푸른 옷들이란 무엇인가? 레비나스는 옷이 "영구적인 본능의 모습들과 흔적들의 밤"[18]을 지워 없앤다고 말한다. 따라서 "타인은 그가 입은 옷 자체에 지배되는 대상"[19]이다. 벌거벗은 몸에 옷을 걸친다는 것은 자아에 사회성을 입힌다는 뜻이다. 우리는 옷의 보편성에 기대어 옷 아

---

16) 기욤 르 블랑, 앞의 책, 88쪽.
17) 미셸 페로, 앞의 책, 10쪽.
18) 에마뉘엘 레비나스, 앞의 책, 63쪽.
19) 에마뉘엘 레비나스, 앞의 책, 63쪽.

래에 밤의 난잡한 흔적들과 본능들을 감추고 사회생활로 미끄러져간 다. 옷을 입지 않고 벌거벗은 채 바깥으로 나온 자들은 처벌된다. 집 안에서 헐렁하고 편안한 옷들, 잠옷가지들을 걸치고 있는 자들은 "이 일렁이는 옷들을 입은 덕택에, 그들의 육체는 그들의 옷 속에서 부유 하며, 그들 자신은 그들의 육체 속에서 부유하고 있다"[20]고 날카롭게 성찰한 것은 장 보드리야르이다. 김수영은 이 옷들에서 시간 위에 얹 힌 채 피동화된 제 생활의 실체를, 즉 옷들의 피동성 속에서 굳음과 인 습에 대한 굴종, 그리고 안정과 나타(懶惰) 아래에 속수무책으로 엎드 린 마음을 발견한다.

7.

공간에 의해 촉발된 상상력을 보여주는 또 다른 시를 읽어보 자. 박판식의 「당신의 이름이 태어난 자리」는 세계를 공간으로 인식하 는 의식이 돋보이는 시다. "공중에 떠 있는 공이 자신의 탄력"으로 튀 어오르고, "알을 깨고 나온 병아리들이 곧바로 지면 위로" 튀어오르는 것은 다 공간에서 벌어지는 일들이다. 공과 계란들, 이 둥근 것들은 떠 있고 튀어오르는 운동성 속에서 세계에 제 존재를 현시한다. 세계 는 운동들의 지속에 의해 떠받쳐지는 하나의 공간인 셈이다. 공간은 현재의 무한성 속으로 녹아들어가는데, 이 안에서 계란이나 사람들은 공과 병아리들로, 다시 오른손과 왼손의 포개짐으로 변주된다. 아직 태어나지 않은 것들의 가벼움과 무거움 사이, 그 자장 안에서 우리는

---

20) 장 보드리야르, 『아메리카』, 주은우 옮김, 산책자, 2009, 79쪽.

저마다의 이름으로 호명된다. 공간의 운명에 제 실존을 겹친다는 점에서 이름-존재-자리는 하나다.

> 계란이나 사람이나 불안한 이름을 갖고 있는 것은 매한가지
> 고여 있는 액체와 흐르는 액체의 차별 정도다
> 너는 미로 속에 있다, 라고 나도 모르게 발설해버린 순간
> 나는 내 구두 한 짝이 사라진 것을 눈치챘다
> 비가 새는 지붕인데 용케 쾌적하다
> 태어나지 않는 것들의 가벼움으로, 이상한 농담을 잘하는 동생이
> 있었으면, 하고 상상하는 것도 나쁘지는 않다
> 공중에 떠 있는 공이 자신의 탄력을 믿듯이
> 알을 깨고 나온 병아리들이 곧바로 지면 위로 튀어오른다
> 평균율에 관한 미감, 욕조의 형태에 관한 본능
> 체온과 방향감각, 생존의 욕구 때문에 화가 나는 것도 당연하다
> 아직 태어나지 않는 것들의 무거움으로, 닫혀 있다거나 열려 있다
> 는 식의
> 감각이 존재하지도 않는 공간을 상상하는 것도 좋다
> 오른손과 왼손을 포갤 때 생기는 공간
> 지금은 과거가 완전히 지나가지 않은 시간이라고 믿어도 좋다
> 아래도 위도 아닌 지점, 떨어졌는데 깨지지도 않고 흉터도 없이
> 움푹 패어진 곳에 아무렇게나 놓여 있는
> ─박판식, 「당신의 이름이 태어난 자리」[21]

---

21) 박판식 시집 『나는 나와 어울리지 않는다』, 민음사, 2013, 26~27쪽.

시인은 계란과 사람을 한 줄에 놓는다. 둘이 동렬에 놓일 수 있는 것은 "불안한 이름"이라는 동일성 안으로 수렴되기 때문이다. 이 둘은 동일성 속에서 아주 사소하고 미묘한 차이를 드러내는데, 그 차이란 고작해야 고여 있는 액체와 흐르는 액체의 차이일 뿐이다. 이들이 불안한 이름으로 묶이는 것은 세계에서 무조건 환대를 받지 않는다는 점, 그리고 세계라는 제약 속에서 비참·병·죽음을 내면화하고 있다는 점 때문이다. 이름은 실재를 지시하는 기호이다. 이름은 실재이되 그 내부가 텅 빈 무엇이다. 이름은 실재를 가로지르며 지시하고 규정하며 차이를 생산하는 그 무엇이다. 시인에 따르면 세계는 "당신의 이름이 태어난 자리"이다. "평균율에 관한 미감, 욕조의 형태에 관한 본능"도, "체온과 방향감각, 생존의 욕구"도 다 공간 내부에서의 일이다. 시인은 이 공간을 "당신의 이름이 태어난 자리"로 규정한다. 이 자리는 아직 태어나지 않은 것들의 가벼움과 무거움 사이에 있다. 바로 이 자리, 움푹 패어진 곳에서 우리는 튀어나온다.

에필로그

지금 나는 방에 있다. 내가 이 방의 점유자이자 사용자라는 뜻이다. 이 방에 머물고 있는 한 이 공간은 내 실존을 삼킨다. 방은 실존을 삼키고 시간과 함께 흐른다. 우리 모두는 공간화한 시간을 횡단하며 어딘가로 가는 여행자들이다. 방이 자아를 공간화한다는 맥락에서 나는 방 그 자체이다. 방이 내 의식의 중심을 가로지른다. 우리는 너무나 많은 방들을 거쳐 여기에 도착한 것이다. 방 : "후미지고 작고 각이 지고 포석이 깔리고 낮이건 밤이건 밤에 열쇠로 잠글 수 있는 방은 성적(性的)이고, 그렇기에 비밀스런 방"[22]이다. 이 쪼개진 공간에서 나는 더 많은 나로 분화한다. 이 방에서 나는 내 삶의 이야기를 쓴다. 이 방을 중심으로 사생활의 역사, 숙소의 사회사, 개인의 내밀한 욕망의 역사를 쓸 수 있다면, 그것과 더불어 방의 시학도 끊임없이 다시 씌어야 마땅할 것이다.

---

22) 미셸 페로, 앞의 책, 18쪽.

정치적인 것의
가장자리에서[1] ─재난 앞에서

우리는 정치적인 것의 가장자리에서, 여전히, 진부한 악들을 없애겠다고, 사회의 적폐들을 해소하겠다는 말을 들었다. 안전 국가를 만들기 위해 할 수 있는 모든 일을 할 수 있다는 이 약속을 믿을 수 있을까? 과연 정치는 현실을 바꿀 수 있을까? 우리는 아무것도 달라진 것이 없는 아침을 맞고 저녁을 맞는다. 국가가 내는 소리와는 다른

---

1) 이 제목은 자크 랑시에르의 『정치적인 것의 가장자리에서』에서 빌려왔다. 1990년 파리에서 초간된 이 책은 '미학의 정치성'을 말하는 랑시에르의 저작 중에서도 감각적인 것의 분배와 재편에 대한 논의의 밀도가 높은 책으로 꼽힌다. 랑시에르는 초간본의 저자 서문을 "정치적인 것의 연안에 대해 말하는 것은 명확하거나 시사적인 어떤 것도 떠올려주지 않는 듯 보인다. 정치적인 것에 관한 전설에서 정치적인 것은 항상 어떤 연안(테베레 강에서 네바 강까지)에서 시작하여, 결국 다른 연안(시라쿠사에서 콜리마까지)에 이른다"라는 문장으로 시작해서 정치적 분할의 종언, 유토피아적 기획의 종언이라는 논의 속에서 미학이 정치와 맺는 관계의 가능성을 탐색한다.

목소리들에 따르면, 우리 앞에 당도한 것은 "누구와 있든 어디에 있든 /무언가 부족하게 느껴지는 저녁"이었다. 그 저녁은 "빛이 들어왔으면,/좀더 빛이 들어왔으면, 그러나/남아 있는 음지만이 선명해지는 저녁"이었고, "무언가, 아직 오지 않은 것,/덤불 속에서 낯선 열매가 익어가는 저녁"(나희덕, 「무언가 부족한 저녁」)[2]이었다고 한다. 우리는 "자신만의 고통을 발명하세요"(「카나리아」)[3]라는 소리를 들었고, "이 세계는/혼자서 겪는 환상이 아니니까요"(「우아하게」)[4]라는 소리도 들었다. 우리는 저마다 고통을 견디며 살고 있지만, 좀처럼 고통의 면역력은 생기지 않았다. 누군가는 오열하고, 누군가는 휘청거렸다. "살아남은 자들은 서로의 옷을 찢어질 듯 움켜쥔 채/말없이 오열하고/사는 데 너무 지쳐서/누가 자신을 벼랑 끝에서 밀어 주기만을 바라는 자는/다리 위의 가벼운 미풍에도 주저앉을 듯 휘청거"(「물벌레들의 하루」)[5]렸던 것이다. 국가는 그런 작은 삶들을 큰 테두리로 감싸며 관리하고 갖가지 명목으로 세금들을 거둔다. 국가라는 상상적 공동체는 그 구성원들이 체제와 이념에 동의하고, 국방과 납세와 노동의 자원들이 되겠다는 수락 속에서 탄생한 것이니까, 불가피한 일이었다. 정치는 만인에게 안녕과 행복을 균등하게 나눈다는 약속의 실현 속에서 그 정당성을 얻는 국가의 혈액 같은 것이다. 하지만 법과 권력, 그리고 공동체의 원리들을 가로지르며 실행과 실현의 양태를 통해 드러나는 정치를 의심하는 사람들이 점점 더 많아졌다.

---

[2] 나희덕 시집 『말들이 돌아오는 시간』, 문학과지성사, 2014, 32~33쪽.
[3] 박판식 시집 『나는 나와 어울리지 않는다』, 민음사, 2013, 76쪽.
[4] 박판식, 앞의 책, 64쪽.
[5] 박판식, 앞의 책, 32~33쪽.

2014년 한국 사회에서 마주친 정치의 양태는 어떤 것인가? 우리는 2014년 정치체제가 이미 종언을 고했다는 사실과 만난다. 정치의 고갈과 죽음 위로 미디어 정치, 중우(衆愚)정치가 바글거리며 과잉을 이룬다. 정치의 종언 위로 악의 거친 숨결들이 흘러넘치는 광경을 목도하면서, 우리는 절망한다. 용산 참사, 강정 해군기지 건설, 밀양 송전탑 세우기 등의 경우에서 볼 수 있듯이, 지금 여기에 작동하는 정치는 없다. 오직 금지와 통제들, 즉 치안 원리로 작동하는 기만과 폭력들만 있을 뿐이다. 치안 원리는 정치와는 전혀 다른 속성을 가진 것이다. 랑시에르에 따르면, "치안은 정치를 그저 순전히 부정하거나 정치의 논리를 자신의 논리와 동일시함으로써 정치를 끊임없이 사라지게 만든다."[6] 치안은 정치와 분리되는 것으로 정치를 대체할 수 없다. 차라리 정치는 치안 너머에 있는 것이다. "정치는 공간의 모양을 바꾸는 것, 곧 거기에서 할 것이 있고, 볼 것이 있으며, 명명할 것이 있는 것으로 바꾸는 것으로 이뤄진다. 정치는 감각적인 것의 나눔 위, 곧 공동체의 모든 nomos[법]를 정초하는 이러한 nemein[나눔] 위에 설립되는 계쟁이다."[7] 정치는 공동체의 삶에 작동하는 역량들이다. 그 역량들이 예측할 수 없는 것들을 예측 가능한 것으로 바꾸고 나날 속에서 이루어지는 평범한 삶의 결들을 낳는다. 정치가 고갈되고, 자취를 감춘 자리에 의고적인 몸짓들, 만인의 안녕과 행복 따위는 나 몰라라 하는 지리멸렬한 정치들이 몰려온다. 나쁜 정치는 지리멸렬함 위에서 창궐하고, 악이 출현하고 활개를 치기에 좋은 토양이다. 나쁜 정치는 현실을 악몽으로 바꾸고, 평범한 날들을 지옥의 날들로 몰아간다.

---
6) 자크 랑시에르, 『정치적인 것의 가장자리에서』, 양창렬 옮김, 도서출판 길, 2013, 223쪽.
7) 자크 랑시에르, 앞의 책, 225쪽.

나를 다스리는 자는 나를 아끼는 자가 아니라
고독하게 하는 자, 먼 곳을 바라보듯
나를 바라보는 자
죄의 얼룩이 아주 작게 보이는 곳으로
영혼을 최대한 멀리 던지는 자

두 명의 나
한 명은 죄인이고
다른 한 명은 말이 없다
단지 태어나고 죽어갈 뿐인 나는
말할 수 있는 것들을
말하지 못하고 있다
침묵은 나의 잘못, 그것이 나쁘고
슬프다는 것도 잘 안다

나는 자신 없는 속삭임으로
속삭인다, 나의 수호천사는 어디 있을까요
내가 태어날 때 환호성을 외치다
구름이 기도를 막아 추락했나 봐요
불운이란 정오에는 살아 있었는데
자정에는 죽어 있다는 사실이 아니에요

살면서 나는 영혼을 여기저기 흩뿌린다
아무도 그것들을 끌어 모아

다시 뭉쳐놓을 수 없도록
밤의 이쪽저쪽 낮의 구석구석에
나는 가끔 나무 두 그루 사이를 지나가고
그때마다 누군가 나에게 외친다
이야아아, 잠깐만 멈춰!
바로 거기, 거기의 네가 참 맘에 드는구나!

침묵은 나의 잘못, 그것이 나쁘고
슬프다는 것도 잘 안다
영혼은 오로지 한순간에만 눈에 띈다는 사실도
나무와 나무 사이를 날아가는 새처럼
—심보선, 「영혼은 나무와 나무 사이에」[8]

작은 삶들의 실감에 따르면 정치는 우리를 지켜주는 수호천사가 아니었다. 정치는 나를 소외시키고 고독하게 만든다. 아울러 "죄의 얼룩이 아주 작게 보이는 곳으로/영혼을 최대한 멀리 던"질 따름이다. 그것을 향해 아무 말도 하지 못한 것은 잘못이다. 왜냐하면 말하지 않음으로써 그것의 나쁜 존재 방식을 용인하는 태도를 취했기 때문이다. 그 결과로 "내가 누구인지 모르는 죽음,/기억 없는 죽음, 무의미한 죽음"(「인중을 긁적거리며」)[9]들이 더 많이 퍼졌다. 우리는 지리멸렬한 정치 위로 흩뿌려지는 영혼들이다. 우리는 죄를 지어서 죄인이 되는 것이 아니라 침묵을 하고, 아무 행동도 하지 않았기 때문에 죄인이

---
8) 심보선 시집 『눈앞에 없는 사람』, 문학과지성사, 2011, 58~59쪽.
9) 심보선, 앞의 책, 12~15쪽.

되는 것이다. "바람이여 광포해져라/하면 바람은 아니어도 누군가 광포해질까/말하자면 혁명은 아니어도/혁명적인 어떤 일들이 일어날까"(「의문들」)[10]. 나쁜 정치가 혁명과 내전의 바람을 촉발할 것이다. 그 바람은 강고한 현실의 균열들 틈에서 시작할 것이다. 재난을 흩뿌리는 나쁜 정치를 갱신하는 혁명의 이야기를 쓸 수 있을까. 글쎄, 도처에 감춰진 채 자라나는 악들과 싸우기에는, 우리는 이미 늙어버린 것이 아닐까.

나쁜 정치는 징후적인데, 그 징후의 첫 번째 국면이 재난이다. 2014년 4월 16일, 인천을 떠나 제주도로 가던 대형 여객선이 남해 진도 앞바다에서 뒤집혀 가라앉았다. 3백여 명이 싸늘한 사체로 인양되고 몇 명은 생사가 불명인 채 실종 상태다. 불귀의 객이 되어버린 희생자 대부분은 수학여행에 나선 한 고등학교 학생들이었다. 참사가 일어난 지 한 해가 다 가도록 우리 마음은 여전히 분노와 슬픔으로 끓는다. 일상의 조촐한 보람이던 산책도 시들하고, 다투어 피어나던 모란과 작약, 가까운 언덕과 먼 산의 신록조차도 생뚱맞아 보이고, 평소라면 혀에 녹는 듯 맛났을 음식도 쓰디썼다. 우리는 실의와 무력감, 우울증과 허탈에 빠져 일손을 놓고 악몽에 허덕이며 허송세월을 하며 집단적으로 트라우마를 앓고 있다. 이 무고한 어린 생명들을 죽음의 바다로 밀어넣은 자는 누구인가? 사실 우리 사회 전반에서 비명횡사와 참사의 가능성은 예측할 수 있는 일이다. 위기 징후들이 있었지만 부패와 복지부동에 빠진 관료 조직, 무능하기 짝이 없는 정부 권력, 돈을 신으

---

10) 심보선, 앞의 책, 16~17쪽.

로 섬기며 도덕적 해이에 빠진 사회, 탐욕과 이기주의로 뭉친 몰이성적인 기업과 타락한 기업가들, 당리당략에 매인 정치 집단들은 그 사실을 외면했다. 두 해 전 한국 사회를 비판적으로 성찰하는 책을 내면서 한국 사회가 "눈 뜬 장님들"의 사회로 파멸을 품은 "다가오는 '빙산들'을 인지하지" 못하고 있음을 경고한 바 있다. "한국인들이 승선한 '한국호'는 한 치 앞도 내다볼 수 없는 바다를 항해한다. 미래는 불확실한데, 그것은 우리 삶이 예측 불가능한 위험들 속에 있다는 반증이다. 그 도처에 도사리고 있는 위험들이 우리의 삶을 집어삼킬지도 모른다"[11]라고 썼다. 세월호 참사를 겪으면서 소름이 오소소 돋았다. 나는 한국 사회를 우리가 망가져서 맹수들이 탈출한 동물원에 빗대면서 이 "동물원은 관리 권력이 전혀 미치지 못하는 무법과 탈법, 혼란과 무질서가 판을 치는 정글"[12]이라고 썼다. 살육과 아수라장이 펼쳐지는 우리가 망가진 '동물원 사회'에서는 "내부의 자율적이고 내재적인 윤리와 도덕이 자본과 이윤의 탐욕으로 대체"되고, "사회적 약자들은 '벌거벗은 생명'으로 내쫓기고"[13] 있음을 경고했다. 하지만 이 경고에 아무런 메아리가 없었다. 악몽들은 어느 날 갑자기 그렇게 다가왔다.

악몽이란 생생한 법입니다
몇몇 악몽들이 암시했고 별빛이 비추고 있었습니다
저녁노을의 빛과 새벽노을의 빛 사이에 별이 못처럼 꽝꽝 박히고
새파란 초승달이 돋아나 가장 어려운 각도로 서 있습니다

---

11) 장석주, 『동물원과 유토피아』, 푸르메, 2013, 124쪽.
12) 장석주, 앞의 책, 300쪽.
13) 장석주, 앞의 책, 297쪽.

휘청하는 순간처럼 달빛이 검은 천막을 찢고 있었습니다
별이 못이라면 길이를 잴 수 없이 긴 못, 누구의 가슴에도 깊이를
알 수 없이 깊은 못입니다
오늘 밤하늘은 밤바다처럼 빛을 내는 것이 세상에서 가장 어려운
일인 것 같습니다
꿈이 아니라면 이제부터 진짜 악몽이라는 듯이 동쪽에서 번지는
새벽노을이 얼룩을 일그러뜨리며 뒤척입니다, 어디에 닿아도
빛을 비추며 아이를 찾아야 했습니다
서로서로 빛을 비추며 죽은 아이를 찾아야 했습니다
어디서 날이 밝아온다고 아무도 말하지 못했습니다

—김행숙, 「빛」[14)]

평범한 삶의 결에 균열이 생기면서 악몽들이 솟아난다. 바로 어제까지 멀쩡하게 웃고 떠들던 무고한 아이들이 주검으로 돌아온다. 빛과 어둠이라는 상충된 힘들 속에서 발가벗은 생명들은 속수무책으로 사라져간다. 도무지 믿을 수 없는 악몽은 재난이라는 압도적인 비극과 함께 현실을 덮는다. ~비추고 있었습니다, ~찢고 있었습니다, ~찾아야 했습니다, ~말하지 못했습니다 등등 이 경어체들은 무엇인가? 시인은 생명 억압적인 재난 앞에서 경어체 어미를 쓰며, 시적 전언을 발화한다. 경어체 어미들은 용납할 수 없는 죄악으로 가득 차 있는 이 세상과 거리 두기의 효과를 만들어낸다. 승객들을 버려두고 달아나기에 바빴던 세월호의 선장과 선원들, 과적과 탈법을 일삼은 해운회사,

---

14) 김행숙 시집 『에코의 초상』, 문학과지성사, 2014, 111쪽.

해운회사의 실소유주와 그 일가의 기괴한 탐욕과 비리 목록들, 구조 매뉴얼도 없이 우왕좌왕한 해경, 컨트롤 타워 부재를 드러낸 부실한 정부를 어떻게 용납할 수 있을까? 뭇 생명을 죽음으로 몰아넣은 이 현실 어느 한구석도 정치의 기율이 살아 움직인 흔적은 찾아볼 길이 없다. 정치를 대신해서 비리와 탈법이 독버섯처럼 자라났다. 기본과 원칙이 무너진 자리에 탐욕과 이기주의가 군림하며 살을 찌웠지만 우리는 묵인하고 방조했다. 재난이라는 거울에 비쳐진 것은 누추한 민낯, 그리고 정치가 고갈된 대한민국의 초라하고 참담한 국격(國格)이다. 대통령이 머리를 조아리며 사과를 하고, 국가안전처의 신설을 약속하지만, 그것으로 상처는 아물지 않는다. 이 참사는 부패 사회와 부실 국가가 합작으로 만든 미필적 고의의 타살이다. 이 살인에 대해 우리는 유죄다! 부패의 고리 속에서 잇속을 챙기기에 바빴던 이 사회의 평범한 악들과 집단들을 용납하고, 비루한 밥을 먹고 편안한 잠을 잔 우리 모두는 죄인들이다!

    해변에 맨발로 서 있던 유가족
    맨살로 닿을 수 없는 거리가 그들을 얼어붙게 만들었다
    죽을 때까지 악몽을 꾸어야 하는 사람들의 뒷모습
    학살은 모든 사람들이 동시에 꾸는 악몽 같은 것

    손가락과 발가락까지 피가 돌지 않고
    눈이 심장과 바로 연결된 것처럼 쿵쾅거렸다

    모든 것이 가만히 있는 곳이 지옥이다

> 꽃도 나무도 시들지 않고 살아 있는 곳
> 별이 움직이지 않고 가만히 멈춰서 못처럼 박혀 있는 곳
> 죽은 마음, 죽은 손가락, 죽은 눈동자
>
> ―신철규, 「검은 방」[15]

먼저 실종자들이 있고, 그다음에 유가족들이 있었다. 우리는 "해변에 맨발로 서 있던 유가족"들을 보았다. 유가족, 그 살아 있는 자들은 그 살아 있음으로 악몽에 사로잡힌 자가 되었다. 악몽은 벌거벗은 생명들을 예측 불가능한 세계로 떠밀며 시작하고, 지옥은 "죽은 마음, 죽은 손가락, 죽은 눈동자"를 낳은 비명횡사로, 떼죽음으로, 학살로부터 시작되었다. 이 지옥은 우리가 생산과 효율성을 좇으며 더 많은 이익과 성과를 내는 '성과 주체'가 되도록 강요하는 사회 시스템에 포획당한 채 만성적 위기 불감증에 빠진 결과일 것이다. 마치 먹잇감을 놓고 달려든 하이에나같이 국가적 재난에 들러붙어 '과잉 상태'에 빠진 미디어들! 매체들은 속보 경쟁에 뛰어들며 똑같은 뉴스를 반복 재생산해냈다. 미디어들은 끝도 없이 많은 말들을 쏟아냈지만, 거기에는 절제와 균형 감각이 없었다. 실종자 가족의 슬픔과 상처에 대한 배려도 없고, 희생자들에 대한 진심 어린 애도도 없었다. 지각의 쇄신 없이 무의미한 말들만 동어반복 하는 매체들에서 몰이성적 획일주의, 들뜸, 진정(鎭靜)과 고요에 이르려는 노력을 무력하게 만드는 광기만을 보았을 뿐이다.

---

15) 신철규, 『현대시학』 2014년 6월호.

등의 위치가 중요합니다.
폐지를 줍다가 폐지 더미에 누워버린 등.

죽은 줄 알았는데 (죽었으면 좋겠는데)
다시 봄이라고 평상에 앉아 있습니다.
이제는 때 지난 잡지 한 보따릴 쥐어 줬더니
고물상 들러 막걸리나 마시고 있습니다.

나무의 등에 소녀들이 칼집을 내는 계절입니다.
고물상의 등이 부풀어 오르는 계절입니다.

폐지 줍는 여자들에게도 계급이 있어요.
등의 위치가 계급을 결정합니다.
공동체 아닙니까, 공동체. 늙은 여자가
더 늙은 여자에게 말합니다.
여기서는 전단지 한 장도 줍지 말라니까.

징후만 있습니다. 누군가 죽을 것 같은 징후.
구부러지고 또 구부러져서 고꾸라지기 직전인데
아무도 죽질 않습니다.

저 여자들의 등은 공동체의 피부입니다.

또 밤이 오고 또 한 시즌이 시작되고

> 평상에, 각도가 다른 등들이 모여 있습니다.
>
> —박진성, 「등」[16]

죽은 줄 알았는데, 봄이 온다. "또 밤이 오고 또 한 시즌이 시작"되는 것이다. 시인은 폐지를 주우며 최저 생계를 꾸리는 늙은 여자, 즉 잉여들의 삶을 묘사한다. 늙은 여자들의 굽은 등에서 계급을 읽어내고, 그 등이 "공동체의 피부"라고 말하는 시인은 얼마나 명민한가! 미처 죽지 못한 것들은 주권의 영역 바깥으로 추방되며 잉여 지대를 만든다. 잉여란 남아도는 것, 현실적으로 용도가 폐기된 것, 그래서 버려져도 무방한 것들에게 부여되는 이름이다. 잉여에게 배당되는 몫은 아무것도 줄 수 없음, 가치 있는 존재로 거듭 수 없음이다. 이들에게 내려진 평결은 정치적 유기(遺棄)이다. "'잉여'는 '불합격품', '불량품', '폐기물', '찌꺼기'—와 그리고 **쓰레기**—와 의미론상의 공간을 공유"[17]한다. 쓰레기는 현대적 생활 설계의 잉여로 나타난다. 그것은 현대적 생산과 소비의 방식에서는 피할 수 없는 부면이고, 우리 삶이 감추고 있는 더 이상 비밀일 수도 없는 비밀이다. 뒤집힌 채 침몰하는 여객선 선체 주변으로 엄청난 양의 쓰레기들이 떠 있었다. 승객의 짐과 각종 화물들이 바다 위로 쏟아져나와 배 주변을 떠돌고 있었다. 뉴스 보도 화면에는 바다에 부유하는 이 쓰레기들이 고스란히 비춰졌지만, 아무도 이것을 언급하지 않았다. 이 쓰레기들을 바라보며 충격을 받은 것은 그것이 오늘날 양산되는, 감추거나 은폐할 수 없는 잉여들의 표상일 뿐만 아니라, 삶이 쓰레기로 변하는 현장을 실시간으로 보여주었기 때문이다.

---

16) 박진성 시집 『식물의 밤』, 문학과지성사, 2014, 104~105쪽.
17) 지그문트 바우만, 『쓰레기가 되는 삶들』, 정일준 옮김, 새물결, 2008, 32쪽.

우리는 어떤 강박들에 사로잡혀 조금씩 미쳐 있는 게 아닐까? 돈을 좇고, 즉물적이고 감각적인 쾌락으로만 치닫는 사회에서 도덕적 기강이 사라지는 것은 자명한 사실이다. 돈벼락을 맞는 '대박'이 '꿈'으로 포장되고, 수단과 방법을 가리지 않고 돈과 권력을 쥔 이들이 호의호식하는 이 '미친' 사회에 재난과 불행은 불가피한 것이다. 모두가 '성과기계'라는 괴물들로 퇴행해버린 현실 속에서 우리는 비판과 통찰력을 키워주는 인문학을 실용성이 없다는 이유로 경시했다. 우리는 가장 먼저 시와 예술을 버렸다. 자기 성찰로 이끌고 마비된 양심을 깨우고 벼리는 책을 읽기보다는 취업에 필요한 스펙 쌓는 것을 더 중요시했다. 다들 '몸짱' 만드는 일에는 열심이었지만 '지적 근육'을 만드는 일에는 한없이 게을렀다. 이 천박한 실용주의가 득세하는 사회에서 주체적으로 사유하고 고요 속에서 자아를 돌아보는 계기와 능력을 갖추기란 불가능한 일이다.

세월호 참사는 오늘 이성과 양심이 마비되어 작동하기를 멈춘 개체들로 이루어진 사회가 맞은 도덕적이고 윤리적인 파탄이 구체적인 현실로 불쑥 드러난 재난이다. 단테는 『신곡』에서 지옥을 그려냈는데, 그 '지옥'의 입구에는 "이 문으로 들어오는 자여, 모든 희망을 버릴진저"라고 씌어 있다. 단테는 희망이 없는 곳, 한 점의 희망마저 품을 수 없는 곳이 바로 지옥이라는 것을 말한다. 몇 백만 명의 유대인을 가스실로 보낸 나치의 아우슈비츠와 같은 강제 수용소들이 그렇고, 폴 포트와 크메르 루주에게 장악되어 200만 명이 살해되고 300만 명의 난민을 낳은 캄보디아가 그렇고, 일본군의 만행으로 몇 십만 명이 무참하게 죽음을 맞은 중국 난징이 그렇고, 군부 독재자의 명령으로 계엄

군에 의해 시민 학살이 저질러진 1980년 광주가 그렇다. 그때 그곳에는 아무 희망도 없고 오직 살육의 광기만이 반뜩였으니, 바로 지옥이었다. 모두가 돈에 미쳐 물신주의로 치닫고, 어디 한 군데 멀쩡한 곳이 없이 부패한 이 나라, 땅 위에서 땅속에서 바다에서 하늘에서 잇달아 무고한 인명이 죽어나가는 참사가 터지는 지금 여기가 지옥이 아니라고, 나는 감히 부정하지 못한다. 지리멸렬한 정치 속에서 우리는 한 점의 희망이라도 찾을 수 있는가?

무사(無事) 합니까 : 감각적인 것의 정치학 —랑시에르의 '감각적인 것의 분배'라는 사유에 기대어

1
시와 정치

플라톤은 『국가』에서 시와 대립하는 것으로 "자[尺]와 수(數), 그리고 추(錘)"를 들었다. 그것들은 모호하지 않고 더할 수 없이 자명한 규정과 정리에 속한 것들이다. 그에 반해 시는 불투명하고 모호하다. 시의 역량은 수학과는 달리 은유와 상징으로 이루어진 표현, 직관과 예감의 언어를 통해 드러나는 것이기 때문이다. 그것은 정치적이 아닐 때조차 역설적으로 정치적이다. 물론 "보라 내 죽은 거처를,/보라 썩어버린 스페인을"이나 "와서 보고 말해라!/거리에 넘쳐나는 피를!"[1] 같은 구절에서 정치적인 상상력의 발화는 의심할 여지없이 드러난다. 하지만 "두레박이 없는 우물가,/푸른 도마뱀이 득실대는 정원"[2] 같이 정치를 애써 외면하고 그것에서 멀어지려고 의도적으로 애쓸 때조차 미학적인 것 아래 정치에의 무의식과 강박증은 시적 진실로 오롯하다. 정치와 미학 사이에 정립하는 관계들을 성찰하는 자크 랑시에르(Jacques Rancière)에 따르자면 시에서 정치성이란 기존의 지배 담론들에서 특정한 이념에 매이거나 이념적인 것을 내세우는 데 있는 것이 아니라 지배 담론들을 파열시켜 새로운 감각적인 것의 분배를 가져올 삶의 형식을 이끌어내는 데 있다. 랑시에르의 이론은 지금 여기 정치 현실을 들여다보는 데, 그리고 미학적인 것의 정치학이라는 점에서 우리 시에 나타나는 새로운 감수성들의 의미를 논의하는 데 맞춤한 프레임을 제시한다. 1980년대의 고은·김남주·박노해의 시들이 노골적으로 노동자·민중·지식인 연대를 꿈꾸고 체제의 전복과 혁명을 지향했다면, 1980년대의 황지우와 이성복, 그리고 2000년대의 이문재나 심보선, 황병승이나 진은영 같은 시인들의 시 역시 감각적인 것의 정치학이라는 방식으로 정치적이었다.

「무사(無事)합니까 : 감각적인 것의 정치학」은 2014년 4월 세월호 침몰 이후 소용돌이치는 박근혜 체제 속에서 정치의 지리멸렬과 정국의 파국적 혼돈과 관련하여, 정치가 우리 삶과 의식의 지형을 어떻게 바꾸고, 시인들은 어떤 방식으로 시적인 것과 정치적인 것의 길항을

---

1) 파블로 네루다, 「몇몇 일을 설명하자면」(『체의 녹색 노트』, 구광렬 엮고 옮김, 문학동네, 2011, 98~99쪽.)
2) 니콜라스 기옌, 「네번째 고난」(구광렬 엮고 옮김, 앞의 책, 101쪽.)

드러내는가를 살펴보려는 글이다. 정치의 실패는 법과 치안 사이에 불균형점을 키운다. 그다음은? 불안과 카오스의 확장으로 이어지는데, 그것이 그대로 방치된다면 내전, 봉기, 레지탕스를 토해낸다. 우리 내면 심리 속에서는 열 번도 더 넘게 폭력과 불합리의 악순환이 이어지는 박근혜 정부 체제를 부정하고 이미 내전과 봉기가 시작되었는지도 모른다. 박근혜 체제의 본질은 유사 메시아니즘이다. 그 메시아니즘이 가짜인 것은 체제 내부에 어떤 메시아적인 이데아가 없이 텅 빈 상태였기 때문이다. 물론 경제 살리기, 비정상적인 것의 정상화, 사회적 적폐의 해소와 같은 어젠다를 내놓지 않은 것은 아니었지만, 박근혜 체제 안에 정치는 없었다. 정치적인 것, 그것은 두 가지의 과정이다. 첫째, 통치의 과정, 둘째, 평등의 과정이다. 랑시에르는 먼저 공동체의 "자리와 직무를 위계적으로 분배하는 것"에 바탕을 두는데, 이것이 바로 사람들이 치안이라고 부르는 것이다. 그다음에 평등의 과정은 "평등 전제와 그 전제를 입증하려는" 고민들, 그것들을 실행하는 것, 즉 "실천들의 놀이"를 가리킨다.[3] 시를 읽을 때 정치에서 멀어진 삶을 발견하는 것은 어렵다. 모든 시는 드러내놓든 혹은 숨기든 간에 정치적이기 때문이다. 현실의 난관과 장애를 넘어서는 데 현실 정치는 필요하겠지만 그 정치가 가닿으려고 하는 이상은 정치 없는 세계이다. 하지만 정치 없는 세계 역시 불가피하게 정치를 통해 다다를 수밖에 없다.

---

3) 자크 랑시에르, 『정치적인 것의 가장자리에서』, 양창렬 옮김, 도서출판 길, 2013, 112쪽.

2
젊은 시인이여 기침을 하자

먼저 김수영이라는 시적 전위가 우리 앞에 있었다. 김수영은 시와 감성적인 것에서 정치성을 자각하고 그것을 혁명의 에너지로 끌어올리고자 했던 열혈 시인이다. 김수영 시를 움직이는 가장 큰 동력은 자기 혁신과 일상 속에서 차츰 무뎌지는 양심에의 사나운 질타이다. 그는 자신의 소시민성에 깃든 비겁과 비열을 발가벗기고 세상에 그것을 폭로하는 데 두려움이 없었다. 그는 끊임없이 깨어 있는 양심이고자 했다. 하이데거에 따르면 양심이란 "현존재를 가장 고유한 탓일 수 있음에로 불러 세우는 세계-내-존재의 섬뜩함에서 유래하는 염려의 부름이다. 그 불러옴에 상응하는 이해로서 양심-갖기를-원함이 생겨났다."[4] 김수영의 시에서 울려나오는 낯선 목소리들은 바로 시대와 양심의 길항에서 빚어진 것이다. 그의 시가 당대의 후진적 정치 현실에 대한 시적 응답이 될 수 있었던 것은 미학과 정치 사이에서 갈등이 일어날 때마다 기존의 시적 인습과는 다른 길을 선택했기 때문이다. 김수영이 거침없이 시적 자율성을 해체하고 시를 파괴하는 쪽으로 나아간 것은 세계-내-존재의 섬뜩함에서 유래하는 염려의 부름에 따른 것이다. 김수영의 시는 시적 전위를 정치적 전위로 탈바꿈시키면서 당대 문학과 정치의 후진성에서 탈주한다. 그 탈주의 결과로 김수영은 시적 혁명의 아이콘으로 추앙받을 수가 있었다. 1950년대 중반에 발표된 김수영의 시 한 편을 읽으며 논의를 시작해보자.

---

4) 하이데거. 여기서는 김동규, 『철학의 모비딕』, 문학동네, 2013, 146쪽, 재인용.

눈은 살아 있다
떨어진 눈은 살아 있다
마당 위에 떨어진 눈은 살아 있다

기침을 하자
젊은 시인이여 기침을 하자
눈 위에 대고 기침을 하자
눈더러 보라고 마음놓고 마음놓고
기침을 하자

눈은 살아 있다
죽음을 잊어버린 영혼과 육체를 위하여
눈은 새벽이 지나도록 살아 있다

기침을 하자
젊은 시인이여 기침을 하자
눈을 바라보며
밤새도록 고인 가슴의 가래라도
마음껏 뱉자

— 김수영, 「눈」(1956)

 누구보다도 김수영은 첨예한 정치의식을 가진 시인으로 이해되고 있지만, 과연 「눈」 같은 시는 얼마나 정치적인가? 「눈」 같은 시를 읽는 데 군이 정치적 독해가 필요할까? 이 시의 전경에는 '정치'의 흔적이 거의 없다. 시인은 첫 연에서 "눈은 살아 있다"고 반복적으로 강조한다. 이 눈은 "마당 위에 떨어진 눈"이다. 눈이 살아 있다는 것은 무슨 뜻일까? 그것을 반복해서 강조하는 까닭은 어디에 있는 것일까? 김수영은 세 번째 연에서 다시 "눈은 살아 있다"고 강조한다. 눈이 살아 있는 것은 "죽음을 잊어버린 영혼과 육체를 위"한 것이라고 말한다. 아마도 시인은 새벽이 지나도록 녹지 않고 마당을 하얗게 덮고 있는 눈을 바라보았을 것이다. 눈이 저렇게 녹지 않고 마당을 덮고 있는 것은 "죽음을 잊어버린", 그러니까 죽음을 넘어서서 아직은 의연하게 살아 있는 "영혼과 육체"를 위함이라고 생각했을 것이다. 눈의 살아 있음에 산 자로서 긍정적인 반응은 기침을 하는 것이다. 김수영은 젊은 시인을 호명하며 "기침을 하자"고 청유한다. 기침을 하는 것은 "눈더러 보라고" 하는 것이다. 마당을 덮은 눈이라는 이 대자적 현실 앞에서 가만히 있지 않고 기침을 하는 것은 살아 있음을 능동적으로 드러내는 행위이다. 아무 기척도 내지 않고 가만히 있는 것은 비겁한 일이기 때문이다. 시인은 그것을 살아 있는 자로서 해야 할 일을 기피하는 직무 유기라고 내심 확신하고 있는지도 모른다. 어쨌든 눈은 살아 있고, 눈 쌓인 마당과 마주하고 서 있는 젊은 시인은 눈을 향하여 거침없이 기침을 해야 한다는 명령을 받고 있다. 여기서 놓쳐서는 안 될 중요한 것이 기침을 할 때 "마음놓고 마음놓고", 더 나아가 "맘껏"이라는, 기침을 하는 행위에 수식되는 말이다. 눈은 '나'의 살아 있음을 감시하는 어떤 존재에 대한 암시를 담고 있다. 하얀 눈은 망각과 야만을 강요하는 하얀 권력이다.

이 하얀 권력 앞에서 사람들은 입을 다물고 아무 행동도 하지 않는다. 김수영은 "젊은 시인"이라면, 그렇게 해서는 안 된다고 생각한다. "젊은 시인"이란 누구인가? 그는 끊임없이 자기 갱신을 이루며 세계를 혁신하는 자다. 그렇다면 "젊은 시인"은 마당에 쌓인 눈을, 그토록 싸늘하게 세상을 덮고 있는 것을 회피하지 말고 "바라보며", 그 순백의 표면 위로 "밤새도록 고인 가슴의 가래"라도 뱉어내야 한다. 「눈」은 눈 내린 이튿날 마당에 쌓인 풍경에 대한 감탄을 담고 있지 않다. '눈'과 '젊은 시인' 사이에는 죽음과 삶의 자장(磁場)에서 비롯된 대립과 긴장이 매우 첨예하게 흐른다. 그 눈앞에서 아무것도 하지 않는 젊은 시인의 수동성은 질타받아 마땅한 것이다. 어쩌면 '눈'은 우리를 웅크리게 만들고, 생명의 약동을 제약하는 '하얀' 권력이다. 그 앞에서 기침을 하는 것은 단순히 살아 있는 기적을 내는 것이 아니라 매우 단호하고 용기 있는 윤리적 실천이다. 저 '눈'의 순백이 죽음과 공포의 가면인 까닭이다. 김수영이 "젊은 시인"에게 "기침을 하자"고 한 것은 행동의 계시를 위한 실존적 결단의 요청이고, 몸과 의식을 옥죄고 있는 일체의 부자유를 깨고 자유로 나아가자는 외침이었던 것이다. 「눈」은 매우 정치적인 시다! 1950년대의 한국시에는 정치의식이 매우 희박했다. 김수영은 그 정치의 희박성을 무섭게 질타하며 노예들의 등짝에 '행동하라!'고 채찍질을 내려치고 있는 것이다.

　　밤새도록 고인 가슴의 가래라도
　　마음껏 뱉자

김수영이 젊은 시인에게 "시인이여 기침을 하자"라고 했을 때 이 언표 행위는 시의 정치학은 시적인 방식으로 수행되어야 한다는 평범한 진리를 환기시킨다. 기침과 가래는 존재의 내부에 도사리고 있는 질병의 징후들이자 잉여들이다. 이 잉여들을 뻔뻔한 눈으로 덮인 마당, 즉 백색-죽음의 현실을 향해 내뱉자는 청유는 다분히 정치적인 것이다. 눈이 새벽이 지나도록 살아 있다는 것은 그것을 마주본 자 역시 새벽까지 깨어 있었다는 뜻이다. 밤의 심연을 거쳐 새벽까지 깨어 있는 자는 피로하다. 가래는 피로의 결과물로 몸이 바깥으로 내보내야 하는 노폐물이다. 왜 "마음껏"인가? 밤새도록 고인 가래의 양이 만만치 않음과, 동시에 가래를 뱉는 행위에 대한 무의식의 검열과 억제가 있었음을 암시한다. 밤새도록 어둠을 견디고 새벽을 맞은 자는 저 하얀 눈밭에 가래를 "마음껏" 뱉을 자유가 있다. 가래를 뱉어 백색-순결을 더럽힐 때, 시는 시적인 방식으로, 즉 감각적인 것의 나눔이라는 형식으로 정치를 수행해낸다. 미학적인 것에서 정치성은 현실을 변형하는 특이성에 의해 성취되는 것이다. 허구, 그 미적 자율성이 바로 감각적인 것의 나눔을 가능케 한다.

3
감각적인 것의 분배

정치를 권력 행사라는 협의의 개념 안에 가두는 것은 오해만을 키울 뿐이다. 소박하게 말하자면, 정치는 사회체 내에서 지배에 대한 참여/몫을 가짐이라는 것을 핵심으로 성립되는 그 무엇이다. "정치는 평등한 자들의 지배이며, 시민은 지배한다는 사실과 지배받는다는 사실에 참여하는/몫을 가진 자라는 정식은 엄밀하게 생각해봐야 하는 하나의 역설을 언표한다."[5] 더 구체적으로 말하자면, 정치는 다양한 힘의 흐름들에 대한 단절과 연속에 개입하는 것이고, 그것을 구조화하는 것이다. 바로 그렇기 때문에 정치는 "세계의 리듬"이자, "노동·교환·향락의 세속화된 활동들"[6]을 관리하고 감독하는 기술이다. 그것은 항상 더 나은 현실과 미래, 그리고 현실주의 유토피아를 약속한다. 정치술을 "해방의 기획과 행복의 약속"[7]으로 보는 한에서 사람은 사회 속에서 타인과 관계를 맺으며 불가피하게 정치에 포획당한다. 정치는 본질에서 생명체에 대한 통제를 기반으로 한다. 한 점이 아니라 넓게 흩뿌려지는 것, 그것이 정치다. 누구에게나 참여/몫이 분배되지만 누구나 다 정치적 주체가 되는 것은 아니다. 정치의 세계에서는 끊임없이 분리와 배제의 원리가 작동한다. 정치의 본질을 제대로 이해하려면 치안의 원리와 정치권력을 나눠 보아야 한다. 랑시에르는 치안의 본질을 "공백과 보충의 부재로 특징지어지는 감각적인 것의 나눔"에 있다고 보고, "거기에서 사회는 특정한 행동 양식을 타고난 집단들, 이 활동들이 실행되는 자리들, 이 활동과 이 자리들에 상응하는 존재 방식들로 구성"된다고 본다.[8] 치안은 사회체에 소속된 자들의 신체의 안녕, 질서의 유지, 범죄에 대한 감시와 처벌을 바탕으로 한다. 치안은 '없는' 것을 배제하는 방식으로 몫 없는 자들의 몫을 배정한다. 미셸 푸코는 치안을 '생명정치'라고 명명한다. 반면에 정치의 본질은 "공동체 전체와 동일시되는 몫 없는 자들의 어떤 몫을 보충하면서 이 타

---

5) 자크 랑시에르, 앞의 책, 210쪽.
6) 자크 랑시에르, 앞의 책, 42쪽.
7) 자크 랑시에르, 앞의 책, 42쪽.
8) 자크 랑시에르, 앞의 책, 223쪽.

협을 교란하는 것"⁹⁾이다. 무엇보다도 정치는 그것이 작동하는 공간을 만들고 그것이 작동하는 세계를 드러내는 방식이다. 치안이 공적 공간에서 작동하는 방식은 시위를 해산하고, 개인을 호명하는 대신에 그들에게 "여기 아무것도 없으니, 빨리 지나가라!"라고 말하는 것이다. 치안은 거리를 개별자들이 하나의 흐름을 갖고 흘러가는 통행 공간으로 여긴다. 이것이 정치라면 말은 달라진다. "정치는 이 통행 공간을 한 주체—인민·노동자·시민—의 현시/시위 공간으로 변형하는 것으로 이뤄진다. 정치는 공간의 모양을 바꾸는 것, 곧 거기에서 할 것이 있고, 볼 것이 있으며, 명명할 것이 있는 것으로 바꾸는 것으로 이뤄진다."¹⁰⁾

정치는 지리멸렬한 현실 사회의 위기들로 자명해진다. 세월호 침몰이 있었다. 3백여 명이 차가운 바다에 수장되고, 10여 명은 실종된 채 끝내 생사를 알 수가 없다. 세월호 사건이 한국 사회에 안겨준 충격은 그것이 우리 내부의 보이지 않는 '욕망의 거울상'이 되었기 때문이다. 이 욕망의 거울상을 통해 우리 내부의 탐욕과 이기주의, 사회의 심각한 부패, 관료 조직의 도덕적 해이와 무능을 여실히 볼 수가 있었다. 세월호 침몰은 하나의 시작점이다. 그 이전에 용산 참사가 있었고, 강정 해군기지와 밀양 송전탑 건설을 둘러싼 갈등이 불거졌다. 박근혜 정부는 다 알다시피 말과 설득이 아니라 강제력과 폭력을 통해서 이를 봉합하려고 했다. 한나 아렌트는 『인간의 조건』에서 "정치적이라는 것, 즉 폴리스에 산다는 것은 모든 것이 강제력과 폭력을 통해서가

---

9) 자크 랑시에르, 앞의 책, 223쪽.
10) 자크 랑시에르, 앞의 책, 224~225쪽.

아니라 언어와 설득을 통해 결정된다는 것을 의미했다"라고 단정한다. 박근혜 정부는 위기 국면들에서 속수무책으로 정치의 무능, 정치의 실종을 고스란히 드러냈다. 연이은 국무총리 후보 지명자들의 도무지 용인될 수 없는 흠결로 인한 낙마, 정부와 국민 사이에 쌓이는 불통, 행정에 대한 커가는 불신, 국가 위기관리의 부실함은 결국 정치 환멸을 낳는다. 박근혜 정부의 실패는 이미 출범할 때부터 예정된 것이었다. 정치에 대한 사유의 대담함도, 정치적 실천의 진정성도 없이, 오직 개발독재로 일정한 성과를 이끌어냈던 선대 정치의 후광 효과에만 기대고 시작했기 때문이다. 이명박 체제에 이어 박근혜 체제가 기대려고 했던 과거의 프레임은 지금 전혀 유효하지 않다. 지금 한국 사회의 기반을 잠식하는 현실 사회의 위기들은 바로 '과거 프레임 기대기'의 실패에서 비롯되는 것이다. 그 위기의 현실태는 부패한 사회와 무능한 정치권력의 공모로 생겨나는 소란들이다. 정치가 제 기능을 다 하지 못하고 공회전을 할수록 더 많은 곳에서 더 자주 사회적 소란이 일어날 것이다. 그 소란 속에서 더 많은 무고한 죽음들이 생겨날 것이다. 우리들 모두는 그 양산되는 죽음의 고통으로 녹아내리는 얼굴들이다! 아무도 무사하지 않고, 앞으로도 무사하지 않을 것이다. 이 정치 궤멸, 정치 공백의 시대를 가로지르며, 우리 시인들은 무엇을 할 수 있는가? 나쁜 정치는 가장 나쁜 방식으로 현실 사회를 디스토피아의 절망으로 몰아간다. 아울러 나쁜 정치는 생명의 신비와 고결성을 탕진한 채 세속적인 것으로 치닫는다. 이 우상은 깨져야 한다. 이 우상을 찌르고 토대에 균열을 일으키고 마침내는 무너뜨려야 한다. 우상의 균열과 파괴는 새로운 창조를 위한 것이다. 반세기 전에 한 시인이 "시인이여 기침을 하자"라고 요청했던 것과 같이 정치적인 상상력을 미학적인 새로움 속에서 선취해야 한다. 새로운 시는 정치적 불온성 속에서 미학적 결정(結晶)을 보여주어야 한다. 그게 바로, 오늘의 시에 요청되는 미학적이고 정치적인 전위성이다.

4
녹아내리는 얼굴들

격변과 혼종의 정치를 뚫고 우리는 지금-여기까지 와 있다. 지금-여기란 대체 불가능한 현실이다. 그 현실 위로 우리의 삶이 걸쳐져 있다. 얼룩과 구멍이 있는 헌옷처럼. 소매 끝자락의 섬유가 낡아서 나달나달하다. 이 찢기고 더럽혀진 헌옷이 삶의 자취라면, 헌옷의 얼룩과 구멍과 나달거리는 섬유들은 그 위로 흘러간 시간들을 무심히 보여주는 것이리라. 나희덕의 시집 『말들이 돌아오는 시간』이 보여주는 것은 죽음에 포획된 일상의 풍경이다. 죽음은 "애매성, 즉 수수께끼"이고, 수수께끼는 수많은 "무규정성의 물음"[11]을 낳는다. 나희덕 시의 동기가 되었던 이 죽음은 개별자의 죽음이고, "마른 풀 위로 난 바퀴 자국,/황급히 생을 이탈한 곡선이 화인처럼 찍힌 아침"(「그날 아침」) 기습하듯이 찾아든 죽음이다. 죽음이란 삶을 봉인하고 떠나는 것이고 사회적 관계의 단절이며 모든 살아 있는 자의 요구에 대한 무응답이다. "나사로여, 일어나 걸으라, 걸으라, 소리쳐보지만/단 한 걸음도 움직이지 않았다"(「피부의 깊이」)에서처럼, 죽은 자는 무응답으로 그와

---

11) 에마뉘엘 레비나스, 앞의 책, 27쪽.

소통을 바라는 '나'의 무능과 무기력을 드러내는 경험이기도 하다. 에마뉘엘 레비나스는 "죽음이란 앞서 죽음을 부인하던 얼굴의 움직임이 움직이지 못하게 되는 것이다. 죽음은 대화와 대화의 부정 사이의 투쟁이다"[12]라고 말한다. 산 자의 얼굴들은 죽음을 부인하는 얼굴이다. 죽은 자의 얼굴은 더 이상 죽음을 부인하지 못한다. 그 얼굴은 움직이지 못하게 된 얼굴이기 때문이다. 그 얼굴은 죽음의 부동성 속에 갇힌 채 서서히 녹아내리면서 사라져간다.

> 아침에 눈을 뜨는 순간 찰칵,
> 네 얼굴이 켜졌어
> 누가 기억의 스위치를 누른 것일까
>
> 그러나 이내 네 얼굴은 꺼지고
> 깨진 유리조각들이 사방에서 모여들었지
>
> 네가 쓰다 만 페이지,
> 자동차 바퀴가 멈춘 곳에서 유리벽은 자라나
> 점점 불투명해지고 단단해졌어
>
> 새소리가 나를 일으키지 못하고
> 눈부신 햇살도 유리벽을 뚫고 들어오지 못하는
> 지금 여기는 어디일까

---

12) 에마뉘엘 레비나스, 『신, 죽음 그리고 시간』, 김도형·문성원·손영창 옮김, 그린비, 2013, 27쪽.

난파된 배처럼 가라앉는 방

거기 춥지 않아? …… 어둡지 않아? …… 무섭지 않아?

성에 낀 유리벽을 향해 하염없이 중얼거렸어
까마득한 곁에 누운 너를 향해

감긴 네 눈을 감겨주고
닫힌 네 입술을 어루만져주고
굳은 네 손과 발을 쓸어주고
식은 네 가슴에 흰 꽃을 놓아주고

그렇게 몇 시간을 누워 있었을까

간신히 몸을 일으켜 욕실로 갔어
물을 틀었어
뜨거운 물이 몸 위로 흘러내리고
불투명한 유리벽이 천천히 녹아내렸어
네 얼굴처럼

—나희덕, 「불투명한 유리벽」[13]

이렇듯 삶은 나날의 일상이 품고 있는 예측 불가능한 무수한 죽음

---

13) 나희덕 시집 『말들이 돌아오는 시간』, 문학과지성사, 2014, 44~45쪽.

에 둘러싸여 있다. 세월호 사건에서 알 수 있듯이 나쁜 정치는 더 많은 죽음들을 양산하고, 살아남은 자로 하여금 더 많은 무능과 무기력, 그리고 죄의식에 빠뜨린다. "자동차 바퀴가 멈춘 곳에서 유리벽"이 자라난다는 구절이 눈에 띈다. 그 유리벽은 "점점 불투명해지고 단단해"진다. '너'라고 부르는 존재는 유리벽 저편에서 있다. '너'는 불투명하고 단단한 유리벽 저편에 갇힌 상태다. '나'는 '너'에게, 춥지 않느냐고, 어둡지 않느냐고, 무섭지 않느냐고 묻는다. '너'는 교통사고로 죽은 것일까? 아마 그럴지도 모른다. '나'는 "난파된 배처럼 가라앉는 방"에서 깨어나 지금-여기에 없는 '너'를 생각한다. '나'는 애도의 시간을 통과하는 중이다. '너'의 죽음이 불러일으킨 고통과 슬픔은 무겁고 크다. '나'는 그 무거움 때문에 가라앉은 배와 같은 방에서 가라앉은 상태로 누워 있다.

이 애도의 시를 주목한 것은 세월호가 침몰한 뒤 내가 겪은 깊은 슬픔과 죄책감이 겹쳐지며 다시 한번 현실 정치의 참담함을 실감했기 때문이다. 세월호 희생자들의 죽음에 직접적인 책임은 없지만, 우리 모두는 이미 유죄성이라는 선고에서 자유롭지 않다. 살아남은 자는 그 살아남으로 말미암아 유죄에 이른다. "타인의 죽음에 따른 나의 정감, 그것이 바로 그의 죽음과 맺는 나의 관계이다. 나와의 관계 속에서 그것은 더 이상 응답할 수 없는 어떤 이에 대한 공격이며, 이미 유죄성이다. 다시 말하자면 살아남은 자의 유죄성인 것이다."[14] 비약하자면, 죽은 자들은 죽음으로 얼굴을 잃는다. 죽은 자의 얼굴은 녹아내

---

14) 에마뉘엘 레비나스, 앞의 책, 25쪽.

리거나 아니면 얼굴이 가면이 된다는 뜻에서 얼굴을 잃는다. 살아남은 자는 살아남았다는 유죄성으로, 수치와 죄책감으로 말미암아 얼굴을 잃는다. 죽음은 본질에서 유기물의 분해이기 때문이다. 우리들 중 아무도 무사하지 않았다. 세월호 사건으로 인한 국민적 애도에 잠겨 있는 동안 우리 얼굴을 발가벗겨진 채로 있었고, 얼굴들은 이 억울한 죽음들에 대해 아무것도 할 수 없다는 지독한 무능과 무기력 속에서 서서히 녹아내렸다. 우리 주변으로 그토록 많은 사고와 사건들, 참사와 비명횡사들이 바글거렸음을 알았을 때 우리는 망연자실할 수밖에 없었다. 우리가 발가벗은 생명으로 이 참사와 비명횡사의 가능성에 무방비 상태로 노출되어 있을 때 정치는 아무것도 하지 못한 채 멈춰 있었다. 붕괴된 정치가 빚는 내면의 불안과 공포 때문에 우리의 얼굴은 녹아내린다.

5
"혁명을 하려면 웃고 즐기며 하라"

박근혜의 정치권력은 사회적 집단과의 불통, 치안과 행정의 무능, 위기관리 능력의 부재로 집약될 수가 있다. 정치가 없었던 게 아니다. 오히려 정치는 (막후에서, 혹은 밀실에서) 과잉이었다. 국정원과 검찰이 막후와 밀실에서 벌인 비정상적인 정치의 과잉은 곧 정치의 소멸을 불러온다. 박근혜 정부는 현실 정치의 소멸로 인한 정치 진공상태에 빠져들며 두 개의 국면에서 완전한 실패를 노정한다. 랑시에르의 용어를 빌려 말하자면 두 개의 국면은 사회적인 것의 정치적 환원과 정치적인 것의 사회적 환원이 그것이다. 랑시에르는 전자의 것을 부의 나눔으로, 후자의 것을 권력 그리고 그에 결부된 상상적 투자물들의 나눔이라고 말한다.[15] 돈을 우상으로 섬기는 물신사회에서 더 이상 나눔은 없다. 돈을 향한 탐욕과 이기주의는 우리의 뇌와 피와 뼈를 파고들고, 마침내 영혼을 썩게 만든다. 그러거나 말거나 부자의 곳간에는 더 많은 부가 쌓이고, 가난한 자의 곳간은 텅 비어가는 것이다. 정치의 실패가 빚은 참사들이 현실 사회의 역동성을 고갈시킬 때, 우리는 작은 정치들의 필요성을 절감한다. 작은 정치들은 "식탁 주위와 불법 서점 그리고 시낭송회에서의 정치"[16]를 가리킨다. 작은 정치의 공간들은 자유가 살아 숨쉬는 가장 긍정적인 의미에서의 정치가 펼쳐지는 대안공간들이다. 평화스러운 작은 정치가 이루어지는 대안공간을 폐쇄하고 강압적으로 억누르면 작은 정치의 힘들은 저항에 대한 내성을 키우며 테러나 반군(叛軍)과 같이 무장집단으로 탈바꿈한다. 평화로운 작은 정치들이 사라지고 아무 대안도 없이 우둔하기만 한 큰 정치가 삶을 짓밟고 파괴할 때, 현실은 무수한 주검을 쌓는 전선(戰線)이 되는 것이다. 도처에 편재한 죽음과 그 죽음을 애도하는 곡소리, 귀를 틀어막아도 심장까지 파고드는 새끼를 잃은 어미와 아비의 곡소리! 정치가 죽어버린 2014년, 한국 사회, 여기는 폐허다, 아무것도 살 수 없는 불모지대다, 악취가 나는 쓰레기 더미다, 영원한 고통의 신음만이 메아리치는 지옥이다!

---

15) 자크 랑시에르, 앞의 책, 53쪽.
16) 제프리 골드파브, 『작은 것들의 정치』, 이충훈 옮김, 후마니타스, 2011, 231쪽.

혁명을 하려면 웃고 즐기며 하라
소름 끼치도록 심각하게는 하지 마라
너무 진지하게도 하지 마라
그저 재미로 하라

사람들을 미워하기 때문에는 혁명에 가담하지 마라
그저 원수들의 눈에 침이라도 한번 뱉기 위해서 하라

돈을 좇는 혁명은 하지 마라
혁명은 우리의 산술적 평균을 깨는 결단이어야 한다
사과 실린 수레를 뒤집고 사과가 어느 방향으로
굴러가는가를 보는 짓이란 얼마나 가소로운가

노동자 계급을 위한 혁명도 하지 마라
우리 모두가 자력으로 괜찮은 귀족이 되는 그런 혁명을 하라
즐겁게 도망치는 당나귀들처럼 뒷발질이나 한번 하라

어쨌든 세계 노동자를 위한 혁명을 하지 마라
노동은 이제껏 우리가 너무 많이 해온 것이 아닌가?
우리 노동을 폐지하자, 우리 일하는 것에 종지부를 찍자!
일은 재미일 수 있다, 그리하여 사람들은 일을 즐길 수 있다
그러면 일은 노동이 아니다
우리는 노동을 그렇게 하자! 우리 재미를 위한 혁명을 하자!

— D. H. 로렌스, 「제대로 된 혁명」[17]

혁명은 폐허와 지옥에서 필요한 것이다. D. H. 로렌스가 권유하는 혁명은 피와 죽음을 부르는 혁명이 아니라 "즐겁게 도망치는 당나귀들"의 뒷발질 같은 명랑한 혁명, 재미있는 혁명이다. 로렌스는 서로를 죽고 죽이는 소름 끼치도록 심각한 혁명이 아니라 "웃고 즐기며" 하는 재미있는 혁명에 나서라고 말한다. "획일을 추구하는 혁명"을 피하고, "산술적 평균의 깨는 결단"의 혁명이어야 한다고 말한다. 성·계급·인종의 차별을 깨는 혁명은 아마도 새로운 획일을 불러오는 혁명일 것이다. 그 혁명은 우리 삶을 자유롭게 하는 대신에 깨야 될 산술적 평균에 가두는 혁명이다. 로렌스는 그런 혁명은 "사과 실린 수레를 뒤집고 사과가 어느 방향으로 굴러가는가를 보는" 짓과 마찬가지로 가소롭다고 폄하한다. 그것은 아마도 돈을 좇는 혁명일 것이다. 김수영이 그랬듯이, 로렌스가 "재미를 위한 혁명을 하자!"라고 하듯이, 우리는 "돈을 깡그리 비웃는 혁명"을 해야만 한다. 우리의 혁명은 위기의 악순환에 빠진 정치를 시적 정치로 바꾸는 혁명이어야 한다. 시적 정치란 무엇인가? 시적 정치란 정치를 "해방의 기획과 행복의 약속"을 실현하는 정치, 그리하여 당신은 무사합니까, 라고 물었을 때, 모두가 '네'라고 대답할 수 있는 정치다. 시적 정치는 저절로 이루어지지 않는다. 그것은 혁명을 통해서만 이루어진다.

---

17) D. H. 로렌스, 『제대로 된 혁명』, 류점석 옮김, 아우라, 2008, 266~267쪽.

6
"너희는 이방인이다"라는 언술

20세기 이후 인류의 삶은 고향 상실과 고향 복귀 사이의 도정으로 이루어져 있다. 삶은 그 사이에서 찢겨져 있다. 피로는 고향에서 밀려나와 항상 타향에서 고향으로의 돌아가기를 갈망하는 자들이 감당하는 찢겨진 삶과 의식에 쌓인 적폐이다. 젊고 발랄한 상상력의 모험을 보여주는 박판식의 시에서 정치적 함유을 끌어내는 일은 쉽지 않다. 「카프리올」이라는 시를 읽어보자. 이 시는 정치라는 것에서 연상되는 것들과 무관한 풍경을 제시하고 있지만, 그렇다고 이 시를 도심 변두리에 있는 교외의 계곡 풍경이나 묘사하는 서정시로만 읽는다면 오독하는 것이다. 풍경들을 직조하는 피로·고아원·개·이방인·추문과 실패·비와 추위…… 같은 이미지들은 잘게 쪼개진 정치들을 함유하고 있는 것으로 보인다.

영아 속에 들어 있는 어른은 피로하다
성인이 된다는 것은 인생의 도약이 아니다
나는 홑이불을 털고 있고
고양이는 그것을 보고 있다
버려진 축구공이 충분히 공기를 흡입하고 있다

추문과 실패도 벽에게는 소중한 비밀이다
시간이 거품이든 주름이든 나는
다섯 번째 생일날 오렌지 주스 가루를 선물받았다

가루는 물속에서 녹았고
어머니는 내 입속에서 녹았다

농장에 떨어진 디스커버리호의 잔해를 사람들이 보고 있다
둥근 외계의 쇳덩어리다
기차에서 바라보는 63빌딩이
기껏해야 내 상상력의 한계다
산불이 바람을 타고 신나게 강을 건넌다

물이 흘러가는 곳에 계곡이 있고
절이 있고 고아원이 있고 술집이 있다
물은 지혜롭다, 자신이 왜 우는지도 모르는 채
사랑하는 사람은 다리 난간에 기대어 운다

고아원의 개들이 우리에게 지껄인다
너희는 이방인이다
슬픔은 진통이고 산통이다, 이상한 종말이다
비와 추위를 견뎌내고 비참한 꽃이 핀다

아름다운 말들이다, 늙은 교황은 잡지 속에서 보석 장식
모자에 눌려 졸고 있다

주인에게 버림받으면 개도 길을 잃는다, 병든다
개에게 도약은 어울리지 않지만 웅크림은 어울린다

> 오디세우스의 개, 아르고는
> 주인이 돌아오자 행복에 겨워 죽는다
>
> ―박판식, 「카프리올」[18]

"영아 속에 들어 있는 어른은 피곤하다", "개에게 도약은 어울리지 않지만 웅크림은 어울린다"는 시적 진술은 놀라운 직관을 보여준다. 영아-고향은 시원의 삶에 대한 표상인데, 그것 안에 어른-피로가 깃들어 있다. 언제나 예측할 수 없는 것의 예측은 놀라움을 불러일으킨다. 어느 시대에나 시대를 앞질러 삶을 선취하는 시인들은 그 사회의 주류에서 배제되고 배척당한다. 그들은 배제와 거부의 방식으로 "정치적인 것의 가장자리에서" 서성거리며 이른바 외계인·디아스포라·이방인으로 살아야 한다. 이방인들은 경계와 경계를 넘나들며, 이쪽도 저쪽도 정주하기를 거부하는 '사이'의 존재들이다. '사이'는 중간이고, 자크 데리다(Jacque Derrida)에 따르면 "정의되지 않은 방향 전환의 거처"이다. 시인이나 이방인은 다 같이 매개와 절충의 공간이 이 '사이'에서 낯선 목소리를 내는 존재들이다. "이방인은 안에 있는 동시에 밖에 있다. 그러니까 중간에, 문턱에 있는 것이다. 그는 출신 성분이나 다른 곳에서 흘러들어왔다는 사실 때문에 자신이 정착한 집단 안에서 여느 사람들과는 다른 위치를 차지하거나 그런 위치를 부여받는다. 이로써 그는 어떤 이타성을 띠게 되는데 상황이나 맥락에 따라 그 이타성은 받아들여질 수도 있고 위협적인 것으로 판단될 수도 있다."[19] 이방인들은 개들의 집단에서 짖기를 거부한 탓에 바깥으로 튕

---

18) 박판식 시집 『나는 나와 어울리지 않는다』, 민음사, 2013, 80~81쪽.
19) 니콜 라피에르, 『다른 곳을 사유하자』, 이세진 옮김, 푸른숲, 2007, 76쪽.

겨져 나온 자들이다.

일상성 속에 녹아 있는 미시 정치들은 나와 타자, 나와 세계 사이에 작동하는 규제하는 힘이다. 이 힘-권력이 정치적인 것의 실행이라는 뜻에서 작동하는 한 사회체에 속한 개별자들의 삶은 미시 정치에 의해 포획되고 크고 작은 영향을 받는다. 일상 속으로 스며들어 팽창된 미시 정치들은 우리 신체와 의식을 장악한다. "두통도 살고 싶다는 절규/스트레스도 위장병마저도/모두가 그렇고 그런 것"[20]이라는 구절을 보라. 두통·피로·위장병·스트레스 따위는 보람과 의미를 만들려는 삶의 기획과 어긋난 미시 정치들이 신체적인 것과 불협화 하면서 토해내는 부정적인 양태들이다. 무능한 정치는 우리를 절망에 빠뜨린다. "살아남은 자들은 서로의 옷을 찢어질 듯 움켜쥔 채/말없이 오열하고/사는데 너무 지쳐서/누가 자신을 벼랑 끝에서 밀어주기만을 바라는"[21] 사태에까지 이른다.

이 시에서 고아원은 절이나 술집과 나란히 있는 공간이고, 개들이 있는 곳이다. 먼저 '고아원'이란 어떤 표상을 가진 공간인가? 고아원은 집이라는, 혹은 가족이라는 중심을 갖지 않은 변방이다. 고아원은 보금자리에서 가장 먼 가장자리이자 정치의 힘이 거의 미치지 않는 아득한 가장자리이다. 고아들은 그 가장자리에서 최소한의 실존으로 바글거리는 존재들이다. 고아원과 "비와 추위를 견뎌내고 비참한 꽃이 핀다"라는 구절을 짝지어 읽자면, 고아원은 삶의 고립과 비참,

---

20) 박판식, 앞의 시집, 33쪽.
21) 박판식, 앞의 시집, 32쪽.

그리고 시련들이 웅성이고 있는 장소로, 삶에 내재된 모호한 불확실성에 대한 은유일지도 모른다. 어쩐 일인지 고아원에서 기어 나온 개들이 "우리에게" "너희는 이방인이다"라고 "지껄인다". '우리'라는 복수 화자들이 누구인지 분명하지는 않지만, 고아원의 개들은 이 낯선 '우리'를 향해 짖음으로써 저쪽 세계에서 온 '우리'와 고아원의 세계 사이에 경계를 짓는다. 개들이 짖지 않고 지껄인다는 이 구절은 이 시에서 가장 기이하게 읽히는 부분이다. 아마도 낯선 자들을 향해 짖는 개들의 습성 때문이었을 것이다. "자신이 왜 우는지도 모르는 채 사랑하는 사람은 다리 난간에 기대어" 우는 풍경에서 정치의 모습을 읽어내기란 난감한 일이다. 그것은 정치와는 아무 관련이 없는 듯한 풍경이다. 다리 난간에 기대어 우는 자를 내세워 전하고자 하는 메시지는 무엇인가? 랑시에르는 "정치의 고유함은 대립되는 것들에 참여하는 것으로 정의되는 주체의 실존이다. 정치는 역설적인 행위 유형이다."[22)]라는 테제를 제시한다. 주체의 실존이 지배하면서 지배당한다는 역설, 그리고 "행위의 행위자인 동시에 이 행위가 실행되는 질료"라는 맥락에서 정치는 '역설적인 행위 유형'인 것이다. 고아원의 개들은 우리를 향해 맹렬히 짖어대지만 '우리'는 짖지 않았다. '우리'는 왜 짖지 않았을까? 왜 짖기를 거부했을까? '우리'는 짖지 않음으로써 개와 자신들을 분리한다. 억울한 주검을 양산하는 이 참담한 2104년 체제에서 우리는 개처럼 짖어댈 것인가, 아니면 짖지 않고 침묵할 것인가를 결정해야 한다.

---

22) 자크 랑시에르, 앞의 책, 210쪽.

7
한 사람은 곧 한 세상이다

정치는 싫든 좋든, '나'라는 개별자들을 끌고 간다. 한 사람은 그 사람을 품고 있는 세상 전체이다. '나'는 세상 전체의 부분 집합이 아니라 통집합이다. 바로 그렇기 때문에 한 사람의 불행은 만인이 불행하다는 징표이고, 한 사람의 죽음은 만인의 죽음에 대한 강력한 암시이다. 한 사람의 불행을 방임하고, 한 사람의 죽음을 가볍게 여겨 방치한다면, 정치는 이미 실패한 것이다. 왜냐하면 "이 세계는/혼자서 겪는 환상이 아니니까요".[23) 정치는 개별자들의 현존을 빚는 힘-권력으로 엄연하다.

어떤 경우에는
내가 이 세상 앞에서
그저 한 사람에 불과하지만

어떤 경우에는
내가 어느 한 사람에게
세상 전부가 될 때가 있다.

어떤 경우에도

---

23) 박판식, 앞의 시집, 64쪽.

> 우리는 한 사람이고
> 한 세상이다.
>
> —이문재, 「어떤 경우」[24]

이 시를 한 사람이 세상 전체이기 때문에 소중하다는 메시지를 전달하는 것으로 독해하는 것은 틀린 것은 아니지만, 지나치게 소박한 것이다. '나'는 세계의 부분, 세계를 이루는 작은 개체이지만, 그 가치는 세계 전체와 맞먹는다. "나는 세계의 잉여다".[25] 동시에 '나'는 세계의 전부다. 박근혜 체제는 경제 살리기라는 실용주의를 내세우고 달려가면서 진부한 악들과 부패한 사회를 방치했다. 세월호 사건 이후 만천하에 드러난 것은 탐욕과 이기주의라는 빨대를 타인에게 꽂고 피를 빨며 제 배를 채운 인간 짐승들, 그 뻔뻔하고 진부한 악들이 도처에 숨어 있었다는 사실이다. 한 사람이 무사하지 않으면 우리 모두는 무사하지 않은 것이다. 그런데 수백 명의 무고한 생명이 바다에 수장되었다. 이 사태도 사태이지만 이것이 수습되는 과정에서 정치는 전혀 작동하지 않았다는 점에서 우리는 경악을 금치 못했다. 박근혜 체제는 정치의 무능 속에서 우리 삶을 벼랑 끝으로 몰아가고 있음을 드러냈다.

---

24) 이문재 시집, 『지금 여기가 맨앞』, 문학동네, 2014, 13쪽.
25) 박판식, 앞의 시집, 47쪽.

8
박근혜 체제—"정치적인 것의 가장자리에서"

　너무 늦은 것은 아닐까? 우리는 잘 안다, "누구든 인생을 체념하면 별것 아닌 존재가 된다"[26]는 사실을. 그리고 체념과 좌절은 너무 오래된 것이었다. 그 오래된 것 속에서 우리는 너무나 오랫동안 웅크리고 있었다. 그 웅크림 속에서 겨우 "개에게 도약은 어울리지 않지만 웅크림은 어울린다"[27]는 사실을 깨달았을 뿐이다. 오랫동안 웅크려 있었기에 도약하는 것을 아주 잊어버린 것은 아닐까? 우리는 "격렬한 분노와 불신과 무기력과 슬픔을 한 층계씩 경험하면서/굴 껍데기와 조가비를 부수어 잇댄 영원을 꿈꾸면서"[28] 지옥으로 변한 이 현실의 밑바닥으로 떨어져 내리고 있는 것은 아닐까? 우리는 이미 "교배를 거듭하여 야성을 잃어버리고 아름다워지기만 하는 반인반수"가 되어버린 것은 아닐까?

　　돌아보면 내 과거는 천사들의 한숨이 구름으로 비유되던 날들이
었다
　　　쾌청한 밤의 천둥소리, 부패한 수정들이
　　　마구 쏟아져 내리는 여름밤이었다
　　　나 이외에 또 누가 이런 꿈을 꾸었던가
　　　환생을 믿지 않는 뭉게구름이 굉음을 내며 흘러가고

---
26) 박판식, 앞의 시집, 18쪽.
27) 박판식, 앞의 시집, 81쪽.
28) 박판식, 앞의 시집, 71쪽.

별로 새로운 것 없는 입술을 열어 석고의 새들은 노래 불렀다
교배를 거듭하여 야성을 잃어버리고 아름다워지기만 하는 반인
반수
그러나 우리는 모두 태어나는 두려움을 참은 자들
창백한 바다, 다산하는 말미잘, 잠을 두려워하는 꿈
당신을 기쁘게 하려고 내가 태어난 게 아닙니다
껍질을 깨고 나온 색깔 없는 팔색조가 고통으로 울지만
인생은 벌써 알록달록한 아홉 가지 색깔을 마련해 두었다
나는 더러움과 덧없음을 빨아들이는 구름의 구멍
자음으로만 우는 새
하지만 수많은 회랑과 덧문을 빠져나오면서
하늘을 나는 꿈과 신경쇠약의 어머니와도 작별하면서

—박판식, 「전락」[29]

날마다 무수한 죽음들이 생겨나는 지금 여기에서 당신은 "수많은 회랑과 덧문을 빠져나오면서/하늘을 나는 꿈과 신경쇠약의 어머니와도 작별하면서" 여전히 무사한가? 죽지 않고 개처럼 웅크린 채 겨우 살아 있다면, 그나마 다행한 일이다. 정치는 "항상 치안 질서를 불안정한 방식으로 자리 옮기는 것"이고 "현재를 계속 발명하는 것"[30]이다, "정치는 틈에 존재한다"[31]. 자신의 상상력을 정치의 감각화에서 감각적인 것의 정치학으로 전화(轉化)하는 시인들은 실패와 파탄의 징

---

29) 박판식, 앞의 시집, 70쪽.
30) 자크 랑시에르, 앞의 책, 33쪽.
31) 자크 랑시에르, 앞의 책, 33쪽.

후를 드러내며 침몰하는 박근혜 체제에서 개처럼 웅크리며 살 것인가, 혹은 반인반수로 살 것인가를 묻는다. 시의 정치성은 잠재적인 것으로 미학적인 긴장을 통해서만 그 힘을 발휘한다고 전제할 때 시적 형식의 전위성은 지배적 담론 체계를 파열시키는 한에서 정치성을 발현한다. 감각적인 것의 분배를 가져오는 삶의 형식들과의 상호 교호 속에서 시적 진정성이 어떻게 우리 감성을 나누고 새로운 지형을 빚어내는가를 살펴야 한다. 정치를 배제하는 것이 아니라 그것을 감성적인 것으로 포획하고, 그 틈 속에서 살아 있음을 기척으로 드러내야만 한다. 정치의 야만적 행태들에 대해 시적 전략으로 저항하라! 바닥에 떨어져서도 꿈틀거려라! 당신의 낯선 목소리를 발화하라! 반세기 전에 한 시인이 외쳤듯, 하다못해 기침이라도 해라! 당신이 기침을 하면, 우리는 당신이 살아 있는 줄 알 것이다. 살아 있다면 당신은 살아 있는 자의 의무를 이행해야만 한다. 랑시에르는 이렇게 제안한다. "정치적인 것을 세속화하라, 그것을 무장 해제하라, 그것 안에 함께-있음(l'etre-ensemble)의 성공 기회를 최대화하고 사회적인 것을 간소하게 경영하게끔 기능적으로 정렬된 것이 아닌 모든 것을 걷어내라."[32] 더 격렬하게 기침을 하라! 웅크리지 말고 도약하는 개가 되라! 공동체의 목적을 잃고 표류하는 정치, 정치적인 것의 실행이 무산된 시간 속으로 빠져들어간 2014년 체제, 아무 보람 없는 죽음들의 무덤이나 파고 있는 이 "정치적인 것의 가장자리에서" 늙은 정치를 혁파하는 꿈을 기획하고 깨어 있는 시인들과 더불어 미학적 혁명을 추구하라!

---

32) 자크 랑시에르, 앞의 책, 49쪽.

장소와 시

우리가 사는 **여기**는 세계-몸의 자리, 즉 **피부와 자아들이 함께 숨쉬는 장소**들이다. 사람은 더도 아니고 덜도 아닌 장소를 살고, 몸의 존재 형식을 규정한다는 맥락에서 장소는 실존의 일부로 편입한다. 장소는 시간이 유동하며 지나가는 물적 토대이고 그 자취를 고스란히 끌어안는다. 새벽은 하루 중에서 해가 뜨기 직전의 특정한 시간대를 가리키지만, 그것은 새벽을 맞은 장소의 시간으로 오롯하다. 이것을 뒤집으면 장소란 몸의 감각을 타고 확장하는 시간, 즉 존재의 본질을 이루는 시간의 공간화일 테다. 왜 고향의 의미가 장소성으로 국한되지 않는가? 고향이란 몸의 시간, 즉 물질적 감각에 의해 소여된 시간이다. 따라서 고향에 대한 기억은 장소의 기억이자, 동시에 그곳에서 보낸 시간이 뒤섞인 장소의 기억이다. 고향이란 땅과 강과 숲이자 바로 그 위를 스쳐지나간 시간들이며, 겹쳐진 시간들의 자취이며, 미국의 시인 게리 스나이더가 말했듯이 "그 자신만의 장소이며 영원히(궁극적으로) 야성적"[1]이다. 사람은 구체적인 장소들을 겪고 시간을 살아내며 실존을 펼쳐낸다. 시간은 장소의 삶을 꿰뚫고 지나가는 피할 수 없는 불가결한 흐름이다. 사람은 시간 속에서 생의 영고성쇠를 겪고, 장소들을 경험하며 제 삶을 화환(花環)처럼 엮어간다.

우리의 장소는 우리의 실체의 한 부분입니다. 하지만 하나의 '장소'라 할지라도 거기에는 일종의 유동성이 있습니다. 말하자면 장소는 시공을 지나간다는 것입니다. 존 헨슨 미첼(John Hanson Mitchell)의 말을 따르면 '의식(儀式)의 시간'이지요. 하나의 장소는 대초원이었다가 침엽수림이 되었다가 다음은 너도밤나무와 느릅나무 숲이 될 것입니다. 절반은 강바닥이 될 것입니다. 얼음에 할퀴고 밀어제쳐질 것입니다. 그런 다음은 개척되고, 포장되고, 어떤 액체가 뿌려지고, 막아지고, 등급이 매겨지고, 건설될 것입니다. 그러나 각 단계는 단지 일시적으로 이루어질 뿐입니다. 말하자면 다른 것을 쓰려고 앞에 썼던 것을 지우면서 계속 사용하는 양피지 위에 쓴 또 한차례의 글들일 뿐이라는 말입니다. 지구 정체는 하나의 커다란 명판(銘板)으로서 현재와 과거의 소용돌이치는 힘들이 수없이 겹쳐진 자취를 담고 있습니다.[2]

---

1) 게리 스나이더, 『야성의 삶』, 이상화 옮김, 동쪽나라, 2000, 64쪽.
2) 게리 스나이더, 앞의 책, 63~64쪽.

그렇다면, 시간과 장소는 우리 실존의 근본 바탕 조건인 셈이다. 장소는 시간들이 수없이 겹쳐진 자취이고, 삶에서 떼어낼 수 없는 중요한 한 요소이다. 삶은 장소와 더불어 일어나는 사건과 행위들의 총체일 것이다. 실존의 사건과 행위들은 특정한 장소와 만나 윤색되면서 그 의미가 더해지거나 빛을 발한다. 그런 맥락에서 하이데거는 장소를 "인간 실존이 외부와 맺는 유대를 드러내는 동시에 인간의 자유와 실재성의 깊이를 확인하는 방식으로 인간을 위치"시키는 것으로 이해한다. 때때로 장소는 실존에 빛과 향기를 덧입혀 그것을 도저히 잊을 수 없는 그 무엇으로 특화한다. 감성의 사제들인 시인들에게도 예외일 수는 없다. 김소월의 '왕십리', 백석의 '통영', 서정주의 '질마재', 오장환의 '서울', 고은의 '문의', 김사인의 '전주'와 같이 시가 된 장소들이 그런 사정을 잘 증거한다. 이 장소들은 한결같이 시인의 상상력과 만나 불멸성을 얻는다. 우리는 장소가 어떤 맥락에서 시인의 상상력과 만나 특화되어 시가 되는 것인지, 그 비밀을 캐보고자 한다.

좋은 시편들은 항상 장소와 깊이 연관된다. 이육사의 「광야」나 정지용의 「향수」는 장소를 구체적으로 특정하지는 않지만, 장소성이 도드라진다. 이육사의 "광야"는 "까마득한 날", 태고의 시간 속에 놓인 신화적인 장소다. 산맥들조차 어쩌지 못한 데서 이 광야의 당당함과 위엄이 드러난다. 태고로부터 광음(光陰)이 흐른 뒤 큰 강물이 길을 열어 흘러가고, 광야 주변의 지형지물들은 요동치면서 변화한다. 광야는 세속의 때가 묻지 않은 고고하고 아득한 곳의 표상이다. 시인은 이 광야에 "다시 천고(千古)의 뒤에/백마(白馬) 타고 오는 초인(超人)"에 대한 예언을 새겨놓는다. 초인에 앞서서 그 초인이 목놓아 부를 "가난한 노래의 씨"를 뿌리는 사람이라는 점에서 시인은 세상의 구원자가 아니라 구원자의 도래를 알리는 세례 요한이다. 이 태고의 적막과 신비가 서린 광야는 다시 천지를 개혁할 인물을 맞기에 적합한 곳이다. 저 최초의 개벽이 신이 주관하는 영역이었다면 백마 타고 나타나는 초인이 이끌 개혁은 인간이 주재하는 의지의 영역일 테다. 광야는 시인의 상상지리학 속에서 눈 내리고 매화 향기 홀로 아득한 곳이다. 정지용의 「향수」만큼 고향의 물질적 실감을 절절하게 되살려 노래하는 시도 드물다. 이 고향은 실개천이 "회돌아나가고", 얼룩백이 황소가 "금빛 게으른 울음을 우는" 곳이며, 밤바람 소리가 "말을 달리고", 늙은 아버지는 "짚벼개를 돋아 고이시는" 곳이다. 어린 누이와 바지런한 아내가 추수가 끝난 빈 들에서 이삭 줍던 곳이고, 하늘에 성근 별이 뜨고 서리 까마귀 울고 가는 밤 가난한 가족들이 흐린 불빛 아래 둘러앉아 "도란도란 거리는 곳"이다. 고향은 실개천과 밤바람 소리, 황소와 늙은 아버지, 어린 누이와 아내의 동선을 지시하는 여러 동사와 그 모습을 꾸미는 풍부한 형용사들로 인해 활력의 실감이 넘치는 장소로 탈바꿈한다. 현재적 시점에서 시인이 회고조로 이 장소에 대한 기억을 불러올 수밖에 없는 것은 시의 화자가 실향자라는 사정을 암시한다. 그 고향에서의 삶이 이미 파괴되었거나 까마득하게 잃어버린 것이기 때문에 그 기억은 아련하다. 그 기억이 아련하고 무상한 것은 이미 무의식에 각인되어 있는 장소의 유실과 상관이 있다. "그곳"이 "참하 꿈엔들 잊힐" 수 없는 장소가 되어버리고 만 까닭은 고향이 지상에서 사라져 오로지 마음의 지도에서만 찾아볼 수 있게 된 까닭이다.

비가 온다
오누나

오는 비는
올지라도 한 닷새 왔으면 좋지.

여드레 스무날엔
온다고 하고
초하루 삭망(朔望)이면 간다고 했지.
가도가도 왕십리(往十里) 비가 오네.

웬걸, 저 새야
울랴거든
왕십리(往十里) 건너가서 울어나 다오,
비 맞아 나른해서 벌새가 운다.

천안에 삼거리 실버들도
축축이 젖어서 늘어졌다데.
비가 와도 한 닷새 왔으면 좋지.
구름도 산마루에 걸려서 운다.

—김소월, 「왕십리(往十里)」

김소월의 "왕십리"는 시의 장소학에서 의미심장한 위치에 있다. 이 시의 시간적 배경은 장마 때다. 시의 화자는 주구장창 내리는 빗속에 갇혀 오도 가도 못하는 제 신세의 처량함을 반추하고 있다. 조선의 도성 설화에서 무학대사는 제가 서 있는 자리가 이상적인 궁궐 자리를 십리 밖에 둔 지척임을 깨달았다. 그래서 그곳을 왕십리라고 명명한다. 무학대사에게 왕십리는 십리를 더 가라는 자기 다짐이었다. 김소월 시의 화자는 그 사실을 잘 알고 있다. 긴 여정의 목적지를 십리 앞 지척에 두고 그칠 기미를 보이지 않고 내리는 빗속에 갇힌 울적한 심경은 빗속에 우는 벌새와 산마루에 걸려서 우는 구름이 대변한다. '버드나무의 실버들은 촉촉하게 내린 비를 머금고 푸른데, 나는 어쩌자고 이 비에 갇혀 꼼짝하지 못한단 말인가'라는 원망이 서린다. "온다-오누나-오는-올지라도"와 같이 비와 한 쌍으로 묶인 동사의 어조 변주를 통해 빗속에 갇힌 화자가 느끼는 지루함과 원망을 전달한다. "가도가도 왕십리"라는 구절 속에는 이미 아무리 애써도 끝내 그곳에 가닿을 수 없는 체념과 낙담이 들어 있다. 이 시의 비밀은 "왕십리"라는 지명 속에서 찾아야 한다. 삭망(朔望)은 음력으로 초하루와 보름을 가리킨다. 달은 삭(朔)에 작아지고 망(望)에 부푼다. 달은 삭과 망을 오가며 줄었다 커지기를 반복한다. 하건만 장맛비는 그칠 기미가 없이 줄기차다. 장맛비의 그칠 줄 모름과 왕십리의 "가도가도"는 상호조응한다. 여름 장마가 길다 해도 가을 건기에 즈음하여 끝난다지만, 왕십리는 여전히 "가도가도 왕십리"다. 왕십리는 실제 지명이기보다는 시인의 상상지리학 속의 지명으로 보는 게 타당해 보인다. 몸이 묶이고 소망의 실현이 지체되는 원인은 장맛비가 아니라 바로 "가도가도"에서 찾아야 한다는 뜻이다. 왕십리를 상상지리학에 놓고 보면, 이 시의 뜻은 또렷해진다. 왕십리의 "십리"는 목적지를 문턱에 두고 "가도가도" 좁혀지지 않는 절망의 거리인 셈이다. 여기가 아니라 저기, 지금이 아니라 미래는 지척인데, 저기-미래는 "가도가도" 갈 수 없다! 그리하여 "가도가도 왕십리"에는 일제 강점기 속에서 제 뜻을 펼치지 못한 채 오도가도 못하는 식민지 잔맹(殘氓)의 체념과 울분이 돌연 선명하게 솟구쳐 나타난다.

    겨울 문의에 가서 보았다.
    거기까지 닿은 길이
    몇 갈래의 길과
    가까스로 만나는 것을.
    죽음은 죽음만큼 길이 적막하기를 바란다.
    마른 소리로 한 번씩 귀를 닫고
    길들은 저마다 추운 쪽으로 뻗는구나.
    그러나 삶은 길에서 돌아가
    잠든 마을에 재를 날리고
    문득 팔짱 끼어서
    먼 산이 너무 가깝구나.
    눈이여 죽음을 덮고 또 무엇을 덮겠는가.

    겨울 문의에 가서 보았다.
    죽음이 삶을 껴안은 채
    한 죽음을 받는 것을
    끝까지 사절하다가
    죽음은 인기척을 듣고
    저만큼 가서 뒤를 돌아다본다.
    모든 것은 낮아서
    이 세상에 눈이 내리고
    아무리 돌을 던져도 죽음에 맞지 않는다.

겨울 문의여 눈이 죽음을 덮고 또 무엇을 덮겠느냐.
—고은, 「문의마을에 가서」[3)]

"문의"는 고은의 네 번째 시집 『문의마을에 가서』의 표제시에 등장하는 장소다. 시인 신동문이 모친상을 당했을 때 고은은 충북 청원군 문의마을에서 있었던 장례식을 다녀온다. 그 체험을 바탕으로 쓴 이 시는 시인이 "문의마을"에서 보았던 것들에 대한 보고가 핵심이다. 시인은 문의마을에서 "거기까지 닿은 길이/몇 갈래의 길과/가까스로 만나는 것을" 목격하고, "죽음은 죽음만큼 길이 적막하기를" 소망한다. 그 소망과 무관하게 길들은 "마른 소리로 한 번씩 귀를 닫고/길들은 저마다 추운 쪽으로 뻗"을 따름이다. 여기에는 문의마을이 지닌 장소적 특징들이 구체적으로 드러나지 않는다. 시인의 장소 체험이 육화된 것이기보다는 피상적이기 때문이다. 마을과 마을을 이으며 길이 뻗고 길들이 만났다가 다시 갈라지는 것은 중원 내륙 지방만의 독자적인 것은 아니다. 시인은 그 스산한 겨울 풍경 속에서 다만 죽음의 적막함을 느낀다. 두 번째 연의 "죽음이 삶을 껴안은 채/한 죽음을 받는 것을/끝까지 사절하다가/죽음은 인기척을 듣고/저만큼 가서 뒤를 돌아다본다"라는 구절은 "문의마을"이 죽음에 대한 선험(先驗)의 자리라는 것을 암시한다. 문의마을 길에서 문득 몸을 돌리고 어둠 속을 향해 돌을 던진다. "아무리 돌을 던져도 죽음에 맞지 않는다"라는 구절에는 뜻밖에도 슬픈 울림이 숨어 있다. 눈 내리는 밤의 허공 속으로 돌을 던지는 이 무위(無爲)의 일 이외에는 아무 일도 없는 고적한 슬픔이 만

---

3) 고은 시집 『문의마을에 가서』, 민음사, 1974.

드는 울림이다. 이 눈 속에서 사람은 태어나고 덧없이 죽는 존재라는 사실은 슬픈 공명(共鳴)을 낳는다. 다른 어느 곳이 아니라 "문의마을"을 특정해서 그곳이 죽음과 그것에 잇댄 상념들을 불러일으킨 곳이라고 지목함으로써, 우리 시의 지리학에서 "문의마을"은 아주 특별한 의미의 장소로 그 정체성을 부여받는다.

시인에게 시가 된 장소란 항상 장소 이상이다. 이 장소들은 현실로서는 범박하고, 상상으로서는 비범해진다. 그 언덕과 들판, 강, 풀과 나무들, 장소의 지형과 지리 위에 사유와 영혼의 빛깔이 입혀질 때 그곳은 몽상과 좌초된 꿈이 나뒹구는 심연으로 변한다. 장소들은 시에 장소의 역동, 장소의 빛과 색을 다 내주고 거죽만 남는다. 장소들이 시적 몽상으로 도금(鍍金)될 때 돌연 "신들의 불확실한 거처, 신들의 오두막, 바람으로 지은 신들의 누옥, 신들의 흰옷을 빨아 널 무쇠 처형대"[4]로 탈바꿈하기도 한다. 이 장소들은 곽효환의 '통영', 문인수의 '정선', 안현미의 '춘천', 황학주의 '아프리카'와 같이 구체적인 장소들이 있는가 하면, 김이듬과 장철문과 류근이 노래하는 그 지리적 자리가 어디인지 구체적으로 지목할 수 없는 익명의 장소들이 있다. 곽효환의 '통영'은 1930년대 애인을 찾아 통영을 찾았던 낭만 청년 백석의 '통영'과 겹쳐진다. 문인수의 '정선'은 "뒤돌아보면 검게 닫히는 산, 첩,//비가 올라나 눈이 오겠다"라는 구절 속의 비가 오고 눈이 와서 늘 젖어 있는 먼 곳이고, 과거의 자아, 그 자아 속에 기록된 '죄'와 '가책'을 만나는 장소다. 안현미의 '춘천'은 스무 살의 풋풋함, 스무 살의

---

4) 장 미셸 몰푸아, 『어떤 푸른 이야기』, 정선아 옮김, 글빛, 2005.

사랑이라는 하중(荷重)을 고스란히 받아낸다. 장소는 시간의 압축이고, 시간은 장소의 알리바이다. 그리하여 "당신의 눈썹처럼 가지런하게 싸리비질 하고 꼭 한 달만 살아보고 싶었던가/햇빛 좋은 날 햅쌀로 풀을 쑤어 문풍지도 바르고 싶었던가"라는 시는 장소에의 기억이 필경 시간에의 기억임을 무심히 드러낸다. 황학주에게 '아프리카'는 무엇보다도 '사막'이고, 그 '사막'은 "인간, 새, 회오리바람, 나무, 모래태풍, 죽음"에 의해 모호함을 지우고 구체적 현실감을 부여받는 장소다. 시인은 '아프리카'라는 장소의 타자성에서 "감각적인 전율"을 만나고, 그 속에서 다름 아닌 자신의 자아를 발견한다.

나희덕, 유홍준, 신동옥에게 장소들은 낯섦/낯익음, 현실/기표로 이분화되는 곳이다. 나희덕에게 '와온'은 먼저 기표의 매혹으로 다가온 장소다. 아울러 '와온'은 "종일 달구어진 검은 뻘흙이/해를 깊이 안아 허방처럼 빛나는 순간"을 갖는 곳이고, "찬란한 해도 하루에 한번은/짠물과 뻘흙에 몸을 담"그는 곳이다. 해와 짠물과 뻘흙은 하나로 엉켜 몸을 안고 담고 적시고 뒹굴며 시인의 물질적 감각에 비벼진다. '와온'은 이 뜻밖의 관능적 정념의 방출로 에로스의 자리로 새롭게 조명되는 것이다. 유홍준의 '북천'은 애를 밴 젊은 여자가 어린아이의 손을 잡고 빠져 죽은 저수지가 있고, 정신병을 앓는 남자가 그 저수지에서 익사체를 건져내는 곳이고, 거세당하는 어린 수송아지의 슬픈 울음소리가 메아리치는 축사가 있는 곳이다. '북천'은 후지고, 낡고, 새로울 것도 없는 현실이지만, 이런 이야기들이 덧입혀지며 유일무이한 장소로 거듭난다. 그 '북천' 언저리에 움집을 짓고 사는 시인에게 그곳은 극사실적인 곳이어서 오히려 장소로서의 구체성을 잃고 "어떤 상징, 알레고리, 세계관"으로 변한다. 신동옥의 '남양'은 시인의 고향으로 짐작된다. 고향을 잃는다는 것은 여기에-부재함으로써 장소가 아니라 잃어버린 시간의 재발견이다. "하루 20시간이나 해가 비추인다고 오로라가 커튼처럼 흩날리는 강기슭마다 팔뚝만 한 갈대가 자란다고 유자나무 끝에는 대롱처럼 생긴 노오란 집들이 매달려 있다고 나뭇잎 대문을 열고 처음 보는 정겨운 얼굴들이 손을 들어"주는 곳이다. '남양'은 벌교역 터미널에서 완행버스를 타고 갈 수 있는 바닷가 마을, "전라남도 고흥군 남양면 망주리 1230번지"이면서, 현실에서는 사라져 없고 오직 마음의 지리학에서만 찾을 수 있다. 시인은 고향 상실자이고, '남양'은 "없는" 곳이다. 지리학에는 찾을 수 없고, 시간의 지리학에서는 가장 먼 곳[영원]이다. 그리하여 '남양'은 비물질적인 영혼의 시간, 즉 아련한 슬픔과 이국적 몽환이 엉긴 상상지리학의 장소가 되어버린 곳이다.

이영광과 이장욱에게 장소는 감각의 착란 속에서 돌연 시와 음악으로 바뀌는 장소들이다. 이영광의 장소는 '지귀(地歸)'라는 곳이다. 이곳은 사람이 살지 않고, 다만 꿩이 날고 토끼가 제멋대로 자라는 무인도이다. 이 삭막한 사실성은 "바다 너머에 희대의 발광이 있다/애비에미를, 형제 친척 동무를 다 여읜 고독이,/신이 되려 했던/병(病)이 있다"는 구절에서 고독과 병에 극단으로 대조되면서, 고갈로 얼룩진 청춘의 몽롱한 황폐함을 외시(外示)한다. '지귀'는 미당의 시집 『화사(花蛇)』와의 관련성 외에는 아무것도 없는 곳, 세계의 끝과 같은 곳, 후대의 시인이 나타나 그 막막함에 비벼지는 청년 미당의 재앙과 발광을 제 것으로 편취하는 장소다. 그 무인도 해변에서의 삭막한 시간—청년 미당의 시간—이 현재의 삭막한 장소—이영광의 장소—로 전이(轉移)함으로써 두 겹으로 마음에 각인된다. 이장욱의 시는 익명적인 장소의 '옥상'을 노래한다. '옥상'은 "지상의 결핍이자 지상의 과잉"으로 그 물질성을 무찌르고 음악이 되는 장소다. 누구나 음악을 사랑하고, 누구나 살다가 죽어간다. 누구에게나 흩뿌려진 이 공평성은 필연적으로 운명의 불공평성을 내포한다. 누구는 살인자로, 누구는 대통령으로 호명되는 것이다. 이 운명의 불공평성을 야비하게 현시하는 '옥상'의 음악이란 무엇인가. 시인은 그 음악이 "세계를 떠도는 침묵이며, 장르를 결정할 수 없는 리듬이며, 뜻밖의 곳에서 뜻밖의 방식으로 귀에 흘러드는 외로움"이라고 적는다. 자정의 '옥상'은 무서운 세계 위에 홀로 우뚝 떠 있다. 이 '옥상'이 몸들을 이끌고 와서 그 몸 위에 제 침묵과 리듬과 외로움이라는 악보를 그린다. 이장욱의 시는 장소가 언제나 차이들의 장소이고, 지금-여기 이 장소들은 그 자체로 시와 음악들, 몸이 꾼 백일몽의 질료이자 그것이 수태하는 자리라는 것을 일러준다.

혼돈
그 이후

　본디 세상은 혼돈 그 자체였다. 기원전 2세기에 나온 옛 책『회남자』는 "옛날 하늘과 땅이 생겨나지 않았을 때, 다만 어슴푸레한 모습만 있었지 형체는 없었고 어둑어둑할 뿐이었다"라고, 태초에는 형체는 일체 없고 어둠만 있었음을 말한다. 옛 사람들의 상상세계에서 혼돈은 그 자체로 살아 있는 그 무엇이다. 중국 신화의 보고(寶庫)로 꼽히는『산해경』에 따르면, 혼돈은 '제강'이라는 이름을 가진 신이다. 혼돈 뒤에 하늘과 땅이 나타났고, 다시 그 뒤로 수목과 동물들이 나타났다.『산해경』에 나오는 천산(天山)은 금과 옥이 많이 나는 산이다. 여기에서 영수(英水)라는 강이 발원하는데, 영수가 서남쪽으로 흘러가서 양곡(暘谷)을 적신다. 바로 여기에 사는 신이 '제강'이다. '제강'의 모습은 기이하다. "이곳의 신은 그 형상이 누런 자루 같은데 붉기가 빨간 불꽃 같고 여섯 개의 다리와 네 개의 날개를 갖고 있으며 얼굴이 전혀 없다. 춤과 노래를 잘할 줄 아는 신이 바로 제강이다." '제강'은 날개를 가졌으니 새일 텐데, 눈·코·입·귀가 아예 없다. 다리는 여섯 개요, 날개는 네 개다. '제강'은 그 기이하고 둔탁한 생김과는 달리 춤과 노래를 아주 잘하며 즐긴다고 한다.

『산해경』이후에 나온『장자』에도 '혼돈'은 세계의 중앙을 다스리는 임금으로 인격화되어 있는 존재다. '혼돈'에게는 남쪽 바다를 다스리는 숙(儵)과 북쪽 바다를 다스리는 홀(忽)이라는 두 친구가 있다. 숙과 홀이 '혼돈'이 다스리는 나라를 방문하면, '혼돈'은 두 친구를 극진하게 대접했다. 숙과 홀이 의논 끝에 '혼돈'에게서 받은 은혜를 갚기로 한다. '혼돈'은 춤과 노래 같은 풍류를 즐기지만, 눈·코·입·귀 등 일체의 구멍이 없다. 그래서 숙과 홀은 '혼돈'에게 구멍 일곱 개를 뚫어주기로 하고, 하루에 한 개씩 구멍을 뚫어간다. 일주일이 되었을 때 '혼돈'은 구멍 일곱 개를 갖게 된다. 자, '혼돈'은 눈·코·입·귀 등 일곱 개의 구멍을 갖게 되었으니, 행복했을까? '혼돈'은 일곱 개의 구멍을 갖게 된 뒤 죽었다. 물론 이것은 하나의 우화다. '혼돈'은 보고 듣고 말하고 냄새를 맡는 능력을 갖고 장소와 시간에 대한 지각(知覺)이 생겨나는 순간 사라진다. '혼돈'은 일체의 지각이 없는 상태, 즉 혼돈 속에서만 존재할 수 있다. '혼돈'의 두 친구, 숙과 홀은 각각 '잠깐'과 '순간'이라는 뜻을 나타낸다. 이들은 시간에 의해 지각되는 세계를 상징한다. 그리고 혼돈이 죽고 난 뒤 눈·코·입·귀를 가진 사람이 나타나서 시간의 질서를 가진 세상에 살았음을 암시한다.[1]

혼돈이 지배하는 신화의 시대에 아직 인간은 없다. 신·인간·동물이 미분화 상태로 한몸 안에 거주하고 있다. 『산해경』에 나오는 육오(陸吾)[2], 적송자[3], 금신(金神) 욕수[4], 희화(羲和)[5], 길신(吉神) 태봉(泰逢)[6], 천오(天吳)[7], 구봉(九鳳)[8], 어부(漁婦)[9], 호인(互人)[10], 산신 강량(彊良)[11] 등등이 그렇다. 신·인간·동물이 섞인 이 복합적이고 기이한 존재들은 고대 중국의 신화 속에 등장하는 상상 생물이다. 고대 중국

---

1) 이에 대해 동양 신화학에 밝은 정재서는 이렇게 적고 있다. "혼돈이 숙과 홀에게 죽임을 당한 다는 내용은 혼돈의 시대가 이제 시간이 지배하는 시대로 접어들었음을 뜻한다. 시간이 지배하는 시대란 곧 질서의 시대이자 인간이 지배하는 역사의 시대이다. 결국 혼돈의 죽음은 태초의 신화 시대로부터 비로소 인간 세상의 질서가 새롭게 창조되었음을 의미하는 것이다." —정재서, 『이야기 동양 신화』, 김영사, 2010. 31쪽.
2) 육오는 고대에 여러 부서를 관장하던 곤륜산의 신이다. 사람 얼굴에 호랑이 몸을 가졌다. 호랑이의 날카로운 발톱을 가졌고, 꼬리가 아홉 개나 달렸다.
3) 적송자는 중국 신화에 등장하는 신선이다. 신농 시대의 우사(雨師)로 제곡의 스승이라고 한다. 후대 도교에서 그를 신으로 섬겼다.
4) 욕수는 서방의 신이자 금신이며 가을의 신이자 죽음과 형벌의 신이다. 기원전 531년 가을에 강현(降縣)의 교외에 용이 되어 나타났다.
5) 희화는 제준의 아내다. 열 개의 태양을 낳은 뒤, 항상 동남해 밖의 감연(甘淵)에서 깨끗하고 단 샘물로 갓 태어난 태양 아들들을 씻겼다. 태양을 하나씩 씻겨 밝게 빛나게 한 뒤 차례대로 가서 일하게 하여 아들들이 직분을 다할 수 있도록 도왔다.
6) 태봉은 옛날의 길신으로, 화산(和山)의 주신(主神)이다. 사람처럼 생겼으며 기괴하지도 않고 그저 몸에 호랑이 꼬리 혹은 참새 꼬리만 하나 더 달려 있다. 바람을 불게 하고 비를 내리는 신력은 천지를 감동시키기에 충분하다.
7) 천오는 옛날 물의 신인 수백(水伯)이다. 그는 짐승 모습을 하였으며 머리가 여덟인데, 모든 머리에 사람 얼굴이 달려 있고 다리와 꼬리가 여덟 개다. 등은 파란색에 황색이 섞여 있으며 모습이 흉악해서 무시무시하다.
8) 구봉은 새의 몸에 머리가 아홉인데, 아홉이 모두 사람 얼굴이다. 이들은 섭이국(聶耳國) 근처의 북극천거라는 산에 산다.
9) 절반은 사람이고 절반은 물고기인 반인반어 생물이다.
10) 호인은 호인국 백성으로 황제의 직계 후예다. 이 나라 사람은 모두 사람 얼굴에 물고기 몸을 하고 있다. 인어처럼 손만 있고 허리 아래는 물고기와 그 생김이 같다. 이들은 구름을 타고 비를 부릴 줄 알며 하늘과 땅을 오르내릴 수도 있다.
11) 강량은 사람 몸에 호랑이 머리가 달린 생물이다. 발굽이 네 개고 팔은 길다. 입에 뱀을 물고 있으며 앞발굽에도 뱀을 걸고 있다. 북극천거라는 산 위에 산다.

인이 품었던 물활론(物活論)의 상상세계에서 만물은 다 살아서 움직이는 생명체였다. 천둥과 번개의 뒤에도 그것을 관장하는 신이 있고, 비와 바람에도 그것을 다스리는 신이 있다. 만물에는 신령스런 존재들이 깃들어 있다. 그들의 상상세계에서 사람은 신의 일부이기도 하고, 동물의 일부이기도 했다. 그렇다면 그들은 왜 이렇게 기이하고 야릇한 존재들을 상상했던 것일까? 동양 신화학자인 정재서는 이렇게 적고 있다. "아마도 이것은 기후나 풍토의 차이에 따라 지역마다 다른 낯선 사물들이 서식한다는 사실을 일찍부터 깨달은 결과일 것이다. 또 자연계의 사물에 어떤 신성한 능력이나 특별한 재주가 있다는 생각은 인간이 자연에 대해 품고 있는 두려움 때문이기도 하고 다른 한편으로 모든 사물에 혼이 깃들어 있다는 물활론적인 사고의 결과이기도 하다."[12]

 실재와 비실재, 삶과 죽음이 삼투하는 고대의 신화적 상상세계는 인간 내면을 비추는 거울이다. 이 거울과 우주 만물은 상호조응한다. 본디 인간의 세계와 거울의 세계 사이에는 서로 오갈 수 있는 통로가 있었는데, 거울 속 세계의 생물들이 인간들을 공격해왔다. 이 전쟁에서 인간은 전지전능한 황제의 힘을 빌려서 승리를 했다. 그 뒤로 황제는 이들 침략자들을 거울 속에 가두어버렸다. 보르헤스의 책을 살펴보자.

 황제 시대에는 거울 속의 세계와 인간의 세계가 지금처럼 단절되

---

[12] 정재서, 『이야기 동양 신화』, 김영사, 2010. 424쪽.

어 있지 않았다. 오히려 성질과 색, 그리고 형태가 서로 다른 다양한 작은 통로들이 있었다. 거울의 세계와 인간의 세계는 평화를 지키며 거울을 통해서 서로 왕래하였다. 그런데 어느 날 저녁 거울 속의 사람들이 인간들을 공격해왔다. 그들의 힘은 대단한 것이었다. 그러나 피비린내 나는 처절한 전투 끝에 인간은 황제의 신비한 능력에 힘입어 승리를 쟁취할 수 있었다. 황제는 침략자들을 몰아내어 거울 속에 가두어버렸다. 그리고 그들에게 인간의 행위를 똑같이 따라서 하라고 명령하였다. 즉 그들의 힘을 빼앗아버렸을 뿐만 아니라 그들 본연의 형상까지도 빼앗아, 인간과 사물에 종속된 단순한 그림자로 만들어버렸던 것이다. 그러나 그들은 언젠가는 이 신비한 동면 상태에서 깨어나게 될 것이다. [13]

『산해경』에 나오는 그 모든 신인(神人)들, 반인반수(伴人伴獸)들, 기이한 상상동물들은 모두 거울 속의 세계에 갇혀 있다. 즉 "신비한 동면 상태"에 들어가 있다. 더구나 우리는 신화의 세계와 단절된 문명 세계에서 살고 있다. 문명 세계는 눈도 입도 없는 기이한 새가 춤추고 노래하는 저 신화의 세계를 미신으로 돌려버린다. 인간은 자신들이 알 수 없는 것, 미지의 존재들, 그리고 혼돈은 없애버려야 할 것들로 분류한다. 알 수 없는 것들은 풀어야 할 수수께끼이고, 두려움을 자아내는 암[14]이다. 기괴한 것들은 두렵고, 두려움은 존재의 안주(安住)를 뿌리째 뒤흔드니 성가시다. 그래서 두려움과 두려움을 자아내는 것들은 생기는 대로 박멸해버린다. 이것이 인류의 오랜 관습이다. 문명 세계

---

13) 호르헤 루이스 보르헤스, 『상상동물 이야기』, 남진 옮김, 까치, 1994.

의 사람들은 자신들이 모르는 세계를 견딜 수 있는 정신의 깊이를 갖고 있지 않다. 그들은 혼돈이 태초의 본성이라는 것을 알지 못하는 까닭에 오로지 앎의 세계에만 안주한다. 장자는 "사람이 아는 것은 그 알지 못하는 것을 헤아릴 수 없다"고 했다. 그런 까닭에 문명 세계의 사람들은 그 앎으로 인해 그만큼 무지하다. 자, 또 하나의 신화 속으로 들어가보자.

북해에 한 물고기가 있는데 이름을 곤(鯤)이라 한다. 곤은 그 크기가 몇 천리인지 알 수 없다. 이것이 변하여 새가 되는데 그 이름을 붕(鵬)이라 한다. 붕의 등 넓이도 몇 천리인지 알 수 없다. 한번 기운을 일으켜 날면 그 날개가 하늘에 구름을 드리운 것 같았다. 이 새는 바다가 움직여 물결이 흉흉해지면 남명으로 날아가는데, 예로부터 남명이란 '하늘 못(天池)'이라 했다. 『제해(齊諧)』는 괴이한 일들을 담은 책인데, 여기에 따르면 대붕이 남명으로 날아갈 때 파도가 일어 삼천리까지 퍼지고, 대붕은 회오리바람을 일으켜 구만리 상공으로 올라가 여섯 달 동안을 쉬지 않고 난다.

땅 위에는 아지랑이가 피어오르고 티끌이 날고, 생물들은 서로 숨

---

14) 암의 발생 원인이 유전자의 복제 오류에서 비롯된 세포의 돌연변이에 있다는 사실은 밝혀졌지만, 암은 여전히 수수께끼로 남아 있다. 암은 생명의 본질적인 부분과 불가분 연결되어 있는 그 무엇이다. "암유전자라 불리는 대부분이 생명체의 초기 발생 과정이나 세포 활동의 가장 기초적인 과정에서 불가결한 역할을 맡고 있다. (……) [그러므로] 우리(인간뿐만 아니라 생물 전반)는 살아 있는 한, 암유전자로부터 자유로울 수 없다. 산다는 것 자체가 암유전자 덕분이기도 하다. 달리 표현하면, 우리는 암유전자와 공존해온 덕분에 살고 있다. 앞으로도 암유전자와 공존해야 한다." —다치바나 다카시, 『암, 생과 사의 수수께끼에 도전하다』, 청어람미디어, 2012, 276쪽.

을 불어준다. 하늘은 푸른데, 그게 하늘의 본래 색깔인가? 끝없이 멀고 지극하기 때문에 푸르게 보이는 것은 아닌가? 붕새가 높이 떠서 내려다보니까 이처럼 까마득하고 푸르게 보일 뿐이다. 또한 물이 깊지 않다면 큰 배를 띄울 수가 없다. 마당 우묵한 곳에 술잔의 물을 부으면 겨자씨로 배를 만들어야 한다. 물은 얕고 배는 크기 때문이다. 마찬가지로 대기가 두껍지 않으면 대붕도 큰 날개를 띄울 수가 없다. 그러므로 구만리 바람이 발아래에 있어야만 바람을 탈 수 있다. 푸른 하늘을 등에 지고 막힘이 없어야만 장차 남쪽으로 날아갈 수 있다.

『장자』의 「소요유(逍遙遊)」편을 펼치면, 먼저 '곤(鯤)'과 '붕(鵬)'이라는 상상동물과 만난다. 두 동물은 엄청나게 큰 크기로 우리를 압도한다. 곤이라는 물고기는 그 크기가 몇 천리인지 알 수 없다고 한다. 곤의 서식 환경이 물이라는 점을 주목할 필요가 있다. 곤이라는 생명체를 감당하는 환경은 불멸의 바다다. 물은 생명을 낳고 제 속에서 기른다. 그런 까닭에 물은 생명의 원천이다. 물의 성질은 어떤가? 물은 고요하고 자신을 낮춰 가장 낮은 곳에 처한다. 그래서 노자는 물은 곧 도와 같다고 했다. "최상의 선은 물과 같다. 물이 선하다는 것은 만물을 이롭게 하고 다투지 않으며 많은 사람이 싫어하는 곳에 머문다는 점 때문이다. 그렇기 때문에 물은 도에 가깝다. (······) 물은 다투지 않기 때문에 허물이 없다."[15] 곤은 가장 낮은 곳에 있는 물을 취하고, 그 물속에서 노닌다. "강과 바다가 백 개의 계곡물을 다스릴 수

---

15) 노자, 『도덕경』 제8장.

있는 까닭은 강과 바다가 계곡물보다 낮은 위치에 있기 때문이다. 이 점이 강과 바다가 백 개의 계곡물을 지배하여 왕이 될 수 있는 이유이다."16) 넓고 깊은 물은 항상 낮은 곳에 처하며, 그럼으로써 높은 계곡들에서 흘러오는 물을 품으로 받아들인다.

물이 마지막으로 닿는 바다는 계곡들의 왕이다. 아마도 곤이 사는 바다는 세상의 가장 넓고 깊은 바다일 것이다. 어쩌면 곤과 바다는 분리되지 않을지도 모른다. 즉 곤과 바다는 하나다. 장자에 따르면 고요하여 맑게 된 물은 곧 성인의 맑은 마음에 상응한다. "물은 고요할 때 사람의 수염과 눈썹을 분명하게 비춘다. 이렇게 수평이 된 때는 목수의 수평자와 상응한다. 그래서 위대한 장인은 물의 수평으로부터 표준을 취한다. 만약 물이 고요하여 맑게 된다면 정신은 얼마나 더 맑아지겠는가. 성인의 맑은 마음은 하늘과 땅의 거울[鑑]이고 만물의 거울[鏡]이다."17) 물은 하늘과 땅의 이치를 드러내는 거울이면서 만물의 상을 비추는 거울이다. 그런 까닭에 도교에서 거울은 벽사와 예언의 능력을 갖춘 신물(神物)로 여긴다. 넓고 깊은 바다를 제 생명의 거처로 삼아 노닐던 곤이 변해서 새가 되는데, 그게 붕이다. 이때 변화는 양적인 것이고 동시에 질적인 것이다. 변화의 본질은 경계를 넘어감이다. 곤은 경계를 넘어 붕으로 변한다. 곤의 내적 형질의 변화는 곧 탈영토화의 운동이 이루어졌음을 뜻한다. 장자는 곤의 내적 형질의 변화가 크기의 변화에서 시작되었음을 암시한다. 그러나 우리는 곤이 어떻게 생겨나고 무엇을 먹는지를 알지 못한다. 곤이 무엇을 먹었는가를 안

---

16) 노자, 『도덕경』 제66장.
17) 장자, 「천도(天道)」(『장자』).

다면, 우리는 곤의 정체를 쉽게 파악할 수 있을 것이다.

무언가를 먹고 소화를 시키는 것은 모든 생명체에게 부과된 필연적인 생명 활동이다. 외부 물질의 섭취와 소화 과정이 없이 생명은 살아남을 수가 없다. 우리가 취하는 것이 식물이든지 동물이든지 그것들을 구성하는 단백질을 빼앗아 몸에 들여야만 생명이 유지될 수 있는 것이다. "단백질에는 원래의 생명체를 구성하고 있던 당시의 정보가 꽉 들어차 있다. 여기서 말하는 정보란 구체적으로 말하면 단백질의 구조를 뜻한다. 이 단백질의 구조 정보가 생명의 기능을 지탱해준다."[18] 사람의 몸은 거칠게 말하자면, 아미노산의 결합으로 이루어진 고분자 화합물, 즉 단백질 덩어리로 이루어져 있고, 이것이 생명을 유지하기 위해서는 외부에서 다른 단백질을 조달해야 한다. 소화란 몸으로 들어온 단백질을 소화효소를 섞어 아미노산으로 분해하는 것이며, 그런 분해 과정 뒤에 체내에 흡수하는 것이다. 후쿠오카 신이치는 "생명체는 일단 자기 입속으로 들어온 것을 곱게 분해함으로써 그 안에 내포된 다른 개체의 정보를 분해한다. 이것이 소화다"[19]라고 설명한다. 몸은 섭식과 소화 활동을 통해 체내에 들어온 단백질을 분해해서 흡수하고—즉 새로운 단백질을 합성하고—, 그리고 자신의 단백질을 분해해서 버린다. 그러니까 "[단백질의] 합성과 분해의 동적인 평형 상태가 '살아 있다는 것'이며 생명이란 그 균형 위에 성립되는 '효과'"[20]라는 것이다. 나는 곧 내가 먹는 것의 결과이고, "생명 활동이란

---

18) 후쿠오카 신이치, 『동적평형』, 김소연 옮김, 은행나무, 2010, 54쪽.
19) 후쿠오카 신이치, 앞의 책, 55쪽.
20) 후쿠오카 신이치, 앞의 책, 61쪽.

아미노산 배열의 헤쳐 모여"[21]인 셈이다. 『장자』에는 곤의 섭식 활동에 대해 일체 언급이 없다. 우리는 곤이 장자의 머릿속에서 탄생한 상상동물이라는 것 외에는 정확하게 무엇인지 그 정체를 알지 못한다. 어쨌든 북해에 곤이 나타나고, 이윽고 곤은 붕이라는 새로 변하여 날아간다. 붕은 하늘에 속하는 상상동물이다. 하늘은 해와 달과 별들의 공간이다. 하늘은 계절을 지배하고, 비와 구름을 관장한다. 땅은 하늘의 영향력 아래에 있다. 하늘은 신들의 영역, 그래서 모든 지상의 척도는 하늘에서 만들어진다. 물속의 상상동물 곤은 하늘의 상상동물 붕으로 변하여 초월적 공간을 유유하게 가로질러 날아간다. 붕이 날개를 펼치면 구름이 드리운 것처럼 보이고, 파도가 일어 삼천리까지 퍼진다. 붕의 크기는 등의 넓이가 몇 천리인지 헤아릴 수 없다는 것에서 유추해볼 수 있을 따름이다. 대붕은 회오리바람을 일으켜 구만리 상공으로 올라가 여섯 달 동안 쉬지 않고 날아간다. 얕고 좁은 생각들을 하며 소유·노동·화폐의 욕망에 포획되어 삶을 끌어가는 범인에게 장자가 펼쳐내는 곤과 붕의 스펙터클한 드라마는 경이롭다. 이들에게 장자는 속박에서 벗어난 자유정신의 표상이다.

---

[21] 후쿠오카 신이치, 앞의 책, 61쪽.

동물로
변신하기

　　인간과 동물 사이에는 건너갈 수 없는 심연이 있다. "뷔퐁[1]은 이렇게 썼다. 짐승들은 우리가 접근할 수 있는 기호가 없다. 짐승들의 눈빛은 우리는 해독할 수 없는 언어다. 울음소리를 제외하곤 어떤 것도 와서 깨지 못하는 이들의 침묵은, 패주할 때 이리저리 날뛰는 경악과 사실 거의 같은 것이 아닐까 짐작해볼 따름이다."[2] 두 종은 근본적인 차이를 지니고 있기에 인간은 동물을, 반대로 동물은 인간을 알 수 없다. 아울러 두 종은 근본적인 차이에도 불구하고 자연 안에서 한 형

---

1) 뷔퐁(Georges-Leclerc de Buffon, 1707~1788)은 프랑스의 자연과학자, 수학자, 생물학자다. 백과전서파로 라마르크, 다윈에게까지 깊은 영향을 끼친 진화론의 선구자이다.
2) 파스칼 키냐르, 『심연들』, 류재화 옮김, 문학과지성사, 196쪽.

제다. 인간과 동물은 마주 보며 서로의 본질을 비추는 거울이라는 뜻이다. 동물은 그 차이를 통해 인간을 드러내고, 인간은 그 차이를 통해 동물을 나타낸다. "사실상 동물성은 인간과 동물의 관계를 가리키는 하나의 개념을 구성할 뿐만 아니라 동물과 기계의 관계를 참조하며, 그 생명체의 위상과 인간의 위상의 문제 사이로 끊임없이 왔다 갔다 한다. 동물성은 인간에 관한 질문(무엇이 인간을 특별한 생명체로 만드는가?)이 동물에 관한 질문(무엇이 어떤 생명체들을 인간이 아니게 만드는가?)에 대한 정확한 응답이 아니라는 것을 시사한다. 동물과 마찬가지로 인간의 정체는 그들 상호 간의 대조를 통해 명확해진다."[3] 음악과 미술과 문학에서 동물들은 자주 인간의 감성을 자극하는 중요한 이미지로 차용되지만, 동물성은 인간과 동물 사이에 드리워진 낯선 심연이다. 인간에 관한 질문은 곧바로 동물에 관한 질문으로 환원되지 않는다. 두 개의 물음 사이에는 차이가 엄연하기 때문이다. 인간은 감각적인 영혼 이상의 그 무엇을 가진 존재다. 동물은 항상 그런 인간에 대해 이타적인 낯선 존재라는 준거틀로서 유의미하다.

문학에서 인간의 동물 되기(혹은 동물화)라는 주제는 종종 나타난다. 프란츠 카프카의 「변신」은 주인공 그레고르 잠자가 어느 날 아침 "흉측한 갑충"으로 변신한 모습으로 깨어난 자신을 목격하는 것에서 시작한다. "하나의 사물(양태)에서 다른 사물로, 하나의 신체(양태)에서 다른 신체로 변용되기 위해선, **그렇게 변용되려는 의지**가 있어야 하고, 또한 **그에 필요한 강밀도의 변화**가 수반"[4]되어야 한다. 그레

---

3) 도미니크 르스텔, 『동물성』, 김승철 옮김, 동문선, 8쪽.
4) 이진경, 『노마디즘 2』, 휴머니스트, 2002, 37쪽.

고르 잠자에게 갑충으로 변신할 마음이 있었던 것일까? 그가 잠에서 깨어나 자신의 변한 모습을 보고 크게 놀라고 당황해 하는 것을 보면, 적어도 의식의 차원에서는 그것이 없었던 듯싶다. 이것은 "불안한 꿈"과 관련되어 있다. **불안한 것은 언제나 현실이 된다**. 왜 그럴까? 꿈은 현실을 가로질러 선험하는 것으로써 무의식의 응축점이다. 물론 「변신」은 그 불안한 꿈이 무엇이었는지를 말해주지는 않지만, 불안한 꿈 이후 펼쳐지는 모든 현실이 그 내용이라는 것을 짐작해 볼 수 있다. 그레고르가 갑충으로 변신한 것은 불안한 꿈으로 암시된 무의식의 심적 표상이 신체화된 것이다. 벌레-인간은 현실에 짓눌린 한 인간의 무의식이 현실이라는 지층에서 탈지층화하면서 나타난, 도피의 물질적 양태다!

카프카는 인간의 형상에서 동물의 몸으로 변신하면서 겪는 현실의 악몽을 담담하게 그려낸다. 무엇보다도 그레고르는 영업 사원에게 지워진 업무의 과중함에 짓눌려 있다. 동물로 변신한 순간, 그는 낯선 형태로 주어진 그 과중함에서 해방된 삶과 마주친 것이다. 평범한 영업 사원으로 누리던 일상의 안녕과 평화는 가족 공동체를 위한 자기희생의 대가로 주어진 것임이 명료하게 드러난다. 동물로 변신했을 때 가족들이 그를 불행과 수치의 원인으로 여겨 냉대하고 나중에는 상처를 입혀 죽음에 이르게 하는 것은 노동력 상실에 대한 분노의 표현이었던 것이다. 그에게 가해지는 격리, 방치, 공격 행위는 가족 부양의 책임을 다하지 못하게 된 것에 대한 처벌이다. 가족 내부에서의 의사소통 차단, 몰이해와 지독한 소외에서 오는 고통은 그토록 편안하게 안주해 오던 현실이 하나의 지옥이었음을 폭로한다. 그레고르의 변신이란 동물성의 외피를 뒤집어쓰고 문명 세계가 지우는 온갖 도덕과 책임의 의무에서 도피하는 것에 대한 알레고리일 테다. 가족들이 변신한 그레고르를 끔찍한 존재로 규정하는 동물성이란 "인간의 지평선, 즉 자기 상실이나 자기 자신 밖으로 향하는 도피의 지평선"[5]이다.

어느 날 아침 고레고르 잠자가 불안한 꿈에서 깨어났을 때 그는 침대 속에서 한 마리의 흉측한 갑충으로 변해 있는 자신의 모습을 발견했다. 그는 철갑처럼 단단한 등껍질을 대고 누워 있었다. 머리를 약간 쳐들어보니 불룩하게 솟은 갈색의 배가 보였고 그 배는 다시 활 모양으로 휜 각질의 칸들로 나뉘어 있었다. 이불은 금방이라도 주르륵 미끄러져 내릴 듯 둥그런 언덕 같은 배 위에 가까스로 덮여 있었다. 몸뚱이에 비해 형편없이 가느다란 수많은 다리들은 애처롭게 버둥거리며 그의 눈앞에서 어른거렸다.

'이게 대체 어찌된 일일까?' 그는 생각했다. 꿈은 아니었다. 다소 작기는 해도 사람 사는 방으로 손색이 없는 그의 방은 낯익은 사면의 벽들로 둘러싸여 조용히 놓여 있었다. 옷감 견본들이 풀어헤쳐진 채 어지럽게 널려 있는 책상 위로는—잠자는 출장 영업 사원이었다—그가 얼마 전 어느 화보 잡지에서 오려내 금박의 예쁜 액자에 끼워넣은 그림이 걸려 있었다. 모피 모자를 쓰고 모피 목도리를 두른 채 꼿꼿이 앉아 있는 한 여인의 그림이었다. 그림 속의 그녀는 그를 향해 팔뚝을 완전히 가린 두툼한 모피 토시를 쳐들어 보이고 있었다.

---

5) 도미니크 르스텔, 앞의 책, 53쪽.

그레고르의 시선은 이어서 창 쪽으로 향했다. 칙칙한 날씨가 그를 온통 울적한 기분에 젖게 했다. 빗방울이 후둑후둑 창문의 함석판을 두드리는 소리가 들려왔다. '잠을 조금 더 자서 이 어처구니없는 상황을 모두 잊어버리는 게 어떨까?' 하고 그는 생각했으나 그건 결코 실행할 수 없는 일이었다. 왜냐하면 그는 오른쪽으로 누워 자는 버릇이 있었는데, 지금 상태로는 도무지 그런 자세로 누울 수가 없었기 때문이다. 몸을 오른쪽으로 돌리려고 아무리 애를 써보아도 그는 번번이 등을 대고 누운 자세로 되돌아와 흔들거리만 할 뿐이었다. 그러기를 아마 백 번쯤은 해보았고, 그는 버둥거리는 다리들을 보지 않으려고 두 눈을 감았다. 그리고 옆구리에서 이때까지 한 번도 느껴보지 못한 가렵고 둔한 통증이 느껴지기 시작하자 그제서야 그는 그러기를 그만두었다.[6)]

이 변신은 초자연적 불안에서 파생된 것이기보다는 자기 안에 짓눌려 있는 동물-인간의 솟구침이다. 이 가여운 주인공을 감싼 동물의 외피는 편안한 일상성의 세계로 스며든 낯선 것의 침입이자 관습에서 형성된 타성에 대한 교란이다. 점점 더 자아를 압박해오는 현실의 중압에 대한 저항이고, 도피의 지평선을 타고 나가는 것이다. 이제 그는 자유다! 그러나 자유를 얻은 대가로 그가 치러야 할 세목은 매우 혹독한 것이다. 우선 회사를 대표하는 지배인에게서 "파렴치한 방식으로 직무상의 의무를 태만히 하고 있"다는 나쁜 평가를 받고, 가족 공동체에게 폐를 끼치는 불행과 저주의 존재로 낙인찍힌다. 결국은 가족

---

6) 프란츠 카프카, 『변신』, 이재황 옮김, 문학동네, 2005.

공동체에서 철저하게 소외되고 배제당한 끝에 죽음에 이른다. 우리 주변에는 수많은 그레고르 잠자들이 있다. 오늘날 그들은 "반은 인간이고 반은 짐승"인 모습으로 세계 밖으로 추방당한 채 떠돈다. 조르조 아감벤은 그들을 "호모 사케르"라고 불렀다.

> 반은 인간이고 반은 짐승이며 반은 도시에 그리고 반은 숲속에 존재하는 잡종 괴물—즉 늑대 인간—로 집단무의식 속에 남아 있는 이것은 원래는 공동체로부터 추방당한 자의 모습이었던 셈이다. (⋯⋯) 추방된 자의 삶의—신성한 인간의 삶과 마찬가지로—법과 도시와는 무관한 야생적 본성의 일부가 아니다. 오히려 그것은 짐승과 인간, 퓌시스와 노모스, 배제와 포함 사이의 비식별역이자 이행의 경계선이다. 역설적이게도 이 두 세계 어디에도 속하지 않으면서 그 두 세계 모두에 거주하는 늑대 인간의 인간도 아니고 짐승도 아닌 삶이 바로 추방된 자의 삶인 것이다.[7]

그레고르 잠자는 부모의 아들도 아니고, 하나뿐인 여동생의 오빠도 더는 아니다. 그는 사물화된 존재, 즉 "저것"이고 "저 짐승"일 따름이다. 그가 사람이었던 것은 그를 사람으로 받아들인 문명 세계의 규범과 의무들에 순응하는 한에서 그렇다. 가족 부양의 의무, 회사 조직 안에서 영업 사원의 의무를 다할 때, 그에게 아무 문제도 생겨나지 않는다. 그러나 동물로 변신해서 그것들을 수행하지 못하게 되었을 때 그는 모든 것을 잃는다. 여동생은 "짐승과는 함께 살 수 없다"는 이유

---

[7] 조르조 아감벤, 『호모 사케르』, 박진우 옮김, 새물결, 2008, 215쪽.

에서 그를 가족 내부에서 추방해야 한다고 주장한다. 「변신」은 "배제와 포함 사이의 비식별역이자 이행의 경계선"에 대한 탐구이고, 동물의 몸 안에 갇힌 실존의 우스꽝스런 양태에 대한 고찰이다. 카프카가 펼치는 그레고르 잠자의 변신 이야기는 살 수도 없고 죽을 수도 없는 실존의 영도(零度), 그 막다른 골목에 도달한 존재에 대한 우화다.

"내쫓아야 해요!" 여동생이 소리쳤다. "그렇게 하는 수밖에 없어요, 아버지. 저것이 오빠라는 생각을 버리셔야 해요. 우리가 그토록 오랫동안 그렇게 믿어왔다는 것 자체가 바로 우리의 진짜 불행이에요. 도대체 저것이 어떻게 오빠일 수 있겠어요? 저것이 정말 오빠라면 우리가 자기와 같은 짐승과는 함께 살 수 없다는 것쯤은 벌써 알아차리고 제 발로 나가주었을 거예요. 그러면 우리는 계속 살아가면서, 오빠는 비록 잃어버렸을망정 오빠에 대한 기억은 소중히 간직할 수 있을 텐데 말이에요. 그런데 저 짐승은 우리를 못살게 굴고, 하숙인들을 쫓아내고…… 나중엔 틀림없이 이 집 전체를 독차지하고서 결국 우리를 길거리에서 잠을 자는 신세가 되도록 만들 거예요. 저것 좀 보세요, 아버지."[8]

소설가 알베르 카뮈는 「변신」에 대해 이렇게 적는다. "「변신」은 투시력의 윤리가 그려내는 무서운 광경이다. 그러나 그것은 동시에 인간이 자기가 모르는 사이에 동물이 된 것을 느낄 때 체험하는 측정할 수 없는 경악의 소산이기도 하다. 이 근원적인 이중의 의미 속에 카프카

---

8) 프란츠 카프카, 앞의 책.

의 비밀이 있는 것이다. 자연스러움과 기이함, 개인과 전체, 비극적인 것과 일상성, 부조리와 논리 사이에 부단히 이루어지는 균형이 그의 작품 전체를 관류하고 있으며, 작품에 반향과 의미를 부여하고 있다."[9] 그레고르는 벌레-인간이라는 변신을 통해 자연스런 세계에서 기이한 세계에로, 일상성의 세계에서 비일상성의 비극적인 세계에로 넘어간다. "우리의 몸 자체도 '끊임없이 통과하고 있는' 분자가 일시적으로 형태를 만들어 낸 것"[10]이라는 개념에 따른다면, 몸은 가변적인 것으로 늘 변하는 것이다. 따라서 벌레-인간은 다른 분자로 변형되어 다른 흐름을 타게 된 존재의 포획일 따름이다.

그레고르는 어느 날 아침 갑자기 흉측한 벌레-인간으로 변신한 채로 깨어난다. 일상 현실의 어딘가에 숨어 있던 불가시적 문턱을 넘어선다. 그의 내부 감각들은 자기 자신의 낯선 변신, 벌레-인간이란 새로운 물질성을 가진 신체의 출현에 반응한다. 이때 신체란 무엇일까? 철학자 에마뉘엘 레비나스는 이렇게 대답한다. "신체는 우리의 소유이다. 그러나 이 소유 관계는 궁극적으로 경험들과 인식들이 조화를 이룬 전체로 귀착한다. 신체의 물질성은 물질성의 **경험**으로 머문다. 우리는 다음과 같이 이야기할 것인가? 내부 감각은 인식 이상이다, 내부

---

9) 알베르 카뮈, 「카프카 문학에서의 희망과 부조리」, 『카프카』, 김광규 편, 문학과지성사, 1978, 97~98쪽, 재인용.
10) 사람의 몸은 분자로 구성되어 있으며, 이 분자는 분해되고 대체되는 그 무엇이다. 후쿠오카 신이치는 생명이란 분자가 '머무르는 상태'에 지나지 않는다고 말한다. "생체를 구성하고 있는 분자는 모두 **빠른** 속도로 분해되며 음식의 형태로 섭취된 분자로 대체된다. 신체의 모든 조직과 세포의 내부는 이런 식으로 항상 변화하며 새로워지고 있다. 그러므로 우리들의 몸은 분자적인 실체로 본다면 수개월 전의 자신과는 완전히 다른 존재다. 분자는 환경에서부터 와서 한때 머무르면서 우리를 만들어내고 다음 순간에는 다시 환경 속으로 분해되어 간다." —후쿠오카 신이치, 『동적평형』, 김소연 옮김, 은행나무, 2010, 192쪽.

감각에는 동일화에까지 가닿는 친밀함이 있다, 나는 나의 고통, 나의 호흡, 나의 기관들이다, 나는 하나의 신체를 **소유하고** 있을 뿐 아니라 내가 바로 하나의 신체**이다**라고? 그러나 이때 신체는 여전히 하나의 존재, 하나의 명사, 엄밀히 말하면 위치화의 수단이다. 이때 신체는 인간이 존재(existence) 속에 들어서는 방식, 인간이 자리를 확보하는 방식이 아니다. 신체를 사건으로 포착하는 것, 그것은 신체가 자리를 잡기 위한 도구나 자리의 상징이나 증후가 아니라, 자리 자체라고 말하는 것이다. 또한 그것은 신체 안에서, 존재상의 사건의 변화 자체가 성취된다고 말하는 것이다."[11] 신체는 곧 존재-사건이다. 그러므로 그레고르에게 문제가 되는 것은 신체의 변신이 아니다. 신체를 사건으로 포착하고 사건으로서의 현존을 겪어내는 게 핵심이다.

그 문턱을 넘어서는 순간 그레고르는 불안으로 동요하는데, 이는 잘 알 수 없는 것에 대한 불안이 아니라 익숙한 관습의 감옥에서 해방되면서 내면으로 밀려든 자유가 일으킨 현기증에서 비롯된 불안이다. 우선 그는 회사에 출근하지도 않아도 되었고, 아울러 회사에 나가면 마주쳐야 할 과중한 업무를 회피할 수도 있게 되었다. 그의 탄식을 들어보라! "아아, 세상에 나는 어쩌다 이런 고달픈 직업을 택했단 말인가. 허구한 날 여행만 다녀야 하다니. 회사에 앉아 실제의 업무를 보는 일보다 스트레스가 훨씬 더 심하다. 게다가 여행할 때의 이런저런 피곤한 일들이 마음을 더 무겁게 한다. 가치를 제대로 갈아타기 위해 늘 신경을 써야 하는 일, 불규칙하고 형편없는 식사, 상대가 늘 바뀌

---

11) 에마뉘엘 레비나스, 『존재에서 존재자로』, 서동욱 옮김, 민음사, 119~120쪽.

어 결코 오래 갈 수 없는 만남과 결코 진실하게 이루어질 수 없는 인간적 교류 등등. 악마여, 제발 좀 이 모든 것들을 가져가다오." 그는 변신이라는 문턱을 넘어 상징적 존재 횡단을 하면서 고달픈 조직의 업무에서 벗어나 자유 속에 가차없이 내동댕이쳐진다. 그게 변신한 채 깨어난 날 아침, 그레고르가 마주친 현실이다. 그는 더 이상 어떤 회사의 직원도 아니고, 누구의 아들도 아니고, 누구의 오빠도 아닌 존재, 미규정성의 갓난아이와 같은 존재로 다시 태어난다. 비록 그 외관이 흉측하더라도. 우리가 산다는 것은 다른 존재와의 연계 속에서 이루어지는 일이다. 그런 맥락에서 존재란, "알지 못하는 것에서 생각지 못한 어떤 것을 해주고 있기에 '타자'라고 불러 마땅한 것들이, 수많은 타자가 각각의 존재자를 '바깥에서 떠받치고 있음'을 뜻"[12]하는 것이다. 그레고르는 변신으로 인해 미규정성의 존재로 다시 태어났을 뿐만 아니라 사회적 존재 연관이라는 맥락 바깥으로 튕겨나간다. 그렇게 그는 아무것도 아님, 누군가의 존재 바깥에서 그를 떠받치지도 않고, 누군가의 존재에 의해 떠받침을 받지도 않는 존재로 밀려나간다. 그는 사람 아님, 마침내 동물의 위계에서 제 정체성을 찾은 사람이다. 바로 이 지점이 카프카와 니체가 마주치는 지점이다. 니체는 『안티크리스트』에서 인간을 "모든 동물 중에서 최고의 실패작"이고, "가장 병적이고, 자신의 본능에서 가장 위험하게 벗어나 있는 동물"이라고 규정짓는다. 니체는 인간만이 고뇌하고, 인간만이 웃는다는 사실을 알았다. 그래서 인간은 가장 불행하고 우울한 존재이면서도 동시에 가장 쾌활한 동물이라는 낙인을 받을 수가 있었다. 니체는 『권력에의 의

---

[12] 이진경, 『불온한 것들의 존재론』, 휴머니스트, 2011, 95쪽.

지』에서 말한다. "인간만이 고뇌한다. 고뇌로부터 도피하기 위해 그는 웃음을 발명해야 했다. 그때부터 가장 불행하고, 가장 우울한 이 동물이 가장 쾌활한 동물이라는 낙인이 찍혀버렸다."

그레고르 잠자는 늑대 인간, 공동체의 바깥으로 추방된 자의 이름이다. 자기 자신과 가족을 위해서 노예처럼 봉사하던 그레고르, 불쌍한 그레고르, 그는 사막의 짐 나르는 동물에 지나지 않았다. 그는 자신의 등에 얹힌 짐에 대해 '아니오'라고 부정을 해본 적이 없다. 사막의 오지까지 짐을 나르는 일을 불평없이 수행하며 그게 제 소명이라고 받아들였다. 그러나 그의 긍정은 진짜 긍정이 아니다. 그 긍정의 본질은 긍정의 배반이고 희화화이다. 그의 등에 얹힌 짐은 무엇인가? 그것은 당대의 도덕, 당대의 가치 척도들, 당대의 관습과 풍속들이다. 그는 변신으로 인해 가족과 회사에서 요구하는 바를 들어줄 수가 없게 되었다. 불가피하게 '아니오'라고 할 수밖에 없는 곤경에 처하게 된 것이다. 등에 더 이상은 짐을 질 수 없게 된 그는 쫓겨난다. 집에서, 회사에서. 그는 어디로 가는가? 그는 어디로도 갈 수 없고, 어디로든 가야만 한다. 결국 그는 조르조 아감벤의 말을 빌리면, "짐승과 인간, 퓌시스와 노모스, 배제와 포함 사이의 비식별역이자 이행의 경계선"으로 밀려간다. 그는 두 세계 어디에도 속하지 않는다. 그에게 주어진 삶은 바깥의 삶이다. "늑대 인간의 인간도 아니고 짐승도 아닌 삶"이 그의 몫이다. 차라리 잘된 일이다.

니체가 자신에 대해 "내적 세계의 탐험자이자 항해하는 자, 즉 인간"이라는 철학적 자각에 이르렀을 즈음, 자신의 대리인인 차라투스트라를 하산시켜 거리로 내보낸다. 차라투스트라는 『선악의 저편』의 어법을 그대로 가져오면 "다양한 눈과 양심으로 높은 곳으로부터 모든 먼 곳을, 깊은 곳으로부터 모든 높은 것을, 구석으로부터 모든 드넓은 곳을 조망"하는 철학자다. 철학자로서 그는 스스로 "비판자이자 회의주의자이며 독단론자이며 역사가이고, 그밖에 시인이며 수집가이고 여행자이며 수수께끼를 푸는 자이며 도덕가이고 예견하는 자이며 '자유정신'이고 거의 모든 유형의 인간"이었다. 차라투스트라는 자신이 철학자라는 자각에 도달했던 것이다. 가장 높은 곳에 올랐다가 다시 가장 낮은 시장 한복판으로 내려온 철학자는 어떤 자인가?

> 진정한 철학자는 명령하는 자며 입법자다. 그들은 "이렇게 되어야 한다!"라고 말한다. 그들은 우선 인간이 어디로 가야 하고 어떤 목적을 가져야 할지를 규정하며, 그러한 작업을 하면서 그들은 과거를 정리해온 모든 사람들과 모든 철학적 노동자들의 준비 작업을 자신의 뜻대로 사용한다. 그들은 창조적인 손으로 미래를 붙잡는다. 그리고 이제까지 존재해 왔던 것과 또 현재 존재하는 모든 것들은 그들을 위한 수단, 도구, 망치가 된다. 그들의 '지식'은 창조이며, 그들의 창조는 하나의 입법이며, 그들의 진리에의 의지는 힘에의 의지다. 오늘날 그러한 철학자들이 존재하는가? 일찍이 이러한 철학자들이 존재했던가? 이러한 철학자들이 존재해야만 하지 않을까?
> ―니체, 『선악의 저편』

그는 더 이상 영혼 깊은 곳에 납덩이가 가라앉아 한없이 무거운 자가 아니다. 그는 자유정신, 어린아이―즉 새로운 시작, 스스로의 힘으로 돌아가 바퀴, 최초의 운동, 거룩한 긍정을 가진—, 뼛속까지 비워서 가벼워진 새, 춤추는 자에 이르렀다. "무거운 것 모두가 가볍게 되고, 신체 모두가 춤추는 자가 되며, 정신이 모두가 새가 되는 것, 그것이 내게 알파이자 오메가라면. 진정, 그것이야말로 내게는 알파이자 오메가렷다!"(『차라투스트라는 이렇게 말했다』) 온갖 우상들을 깨트리기 위해 손에 망치를 든 철학자! 그게 니체 자신이고, 차라투스트라의 모습이다. 니체가 자신을 돌아보는 눈으로 다른 인간들을 보았을 때, 무리지어 있는 인간의 혐오스러운 모습에 욕지기를 느낀다. 많은 인간들은 아직 원숭이이자 벌레의 삶을 살고 있었던 것이다. 원숭이는 난쟁이이고 광대다. 심지어 거리에는 차라투스트라를 똑같이 흉내내는 인간도 나타나는데, 사람들은 그를 가리켜 "차라투스트라의 원숭이"라고 불렀다.

인간에게 원숭이는 무엇인가? 일종의 웃음거리 아니면 일종의 견디기 힘든 부끄러움이 아닌가. 초인에게는 사람이 그렇다. 일종의 웃음거리 아니면 일종의 견디기 힘든 부끄러움일 뿐이다.
너희들은 벌레에서 인간에 이르는 길을 걸어왔다. 하지만 너희 안의 많은 것들이 아직도 벌레다. 너희들은 한때 원숭이였다. 그리고 인간은 여전히 그 어떤 원숭이보다 더 철저한 원숭이다.
너희들 가운데 더없이 지혜로운 자라 할지라도 역시 식물과 유령의 불화이자 혼혈아에 불과하다. 그렇다고 나 너희들에게 다시 유령이나 식물로 되돌아가도록 분부하고 있는 것인가?
보라, 나는 너희들에게 초인을 가르치노라!
초인이 이 대지의 뜻이다. 너희들의 의지로 하여금 말하도록 하

라. 초인이 대지의 뜻이 되어야 한다고!

　　—니체,「차라투스트라의 머리말」(『차라투스트라는 이렇게 말했다』)

　사람들은 인간을 뜻 없이 흉내내는 원숭이를 보고 웃는다. 원숭이는 스스로 자유의지도, 생의 약동도 가질 수 없다. 그것은 본래의 자기를 잃어버린 사육 동물이다. 그리고 부끄러움도 모른다. 원숭이는 백 년 후의 미래도 볼 수 없고, 영원회귀에 대해서도 알지 못한다. 고작해야 인간을 우스꽝스럽게 흉내내고 그 대가로 끼니와 잠자리를 보장받을 뿐이다. 그 웃음은 분명 경멸이거나 조롱하는 웃음이다. 초인에게는 인간이 바로 비루한 원숭이다. 차라투스트라는 원숭이들 가운데 가장 똑똑한 자라 할지라도 "식물과 유령의 불화이자 혼혈아"에 지나지 않는다고 말한다.

　인간은 동물이 되려고 애쓰는 이상한 동물이다. 니체는 『즐거운 학문』에서 "인간은 자신이 동물이 아니라고 교육받았고, 그 결과 동물이 되려고 노력 중이다"라고 말한다. 동물, 아주 오래된 야만. 그게 동물에 대한 인간의 관점이고 인식이다. **그레고르 잠자. 그의 변신은 인간이 당면한 엄청난 비극에 대한 전조(前兆)**를 말해준다. "공포를 통해 우리는 가축이 되었고, 군중이 되었고, 인간이 되었고, 병든 짐승이 되었고, 기독교도가 되었다."(『안티크리스트』) 그레고르가 변신을 겪는 것은 그의 정신이 아니라 몸이다. 그는 몸으로써 유죄를 선고받는다. 그의 변형된 몸이 죄에 대해 귀책사유라는 무거운 짐을 짊어진다. 모든 인간은 신체라는 있음을 통해서 발견되고, 혹은 발견되어질 수밖에 없는 현전이다. 머리와 심장, 그리고 항문으로 이루어진 신체. 우리는 그것을 통하지 않고는 실존을 확인할 수 없다. 신체는 그것이 놓여 있는 장소이자, 장소 속에서 일어나는 사건 그 자체다. 에마뉘엘 레비나스도 비슷한 생각을 적은 바 있다. "장소는 기하학적 공간이기에 앞서, 또는 하이데거적 세계의 구체적 환경(ambiance)이기에 앞서 하나의 기반이다. 이런 점에서 신체는 의식의 출현 자체이다. 그 어떤 식으로도 신체는 사물이 아니다. 영혼이 신체 안에 거주하기 때문일 뿐 아니라, 신체의 존재는 명사의 질서가 아니라 사건의 질서에 속하기 때문이다. 신체가 어떤 자리에 놓인다기보다는, 신체가 바로 자리이다. 신체는 미리 주어진 공간에 위치하지 않는다. 신체는 익명적 존재 속에서 위치화의 사실 자체로부터 출현(irruption)한다."[13] 신체는 반쯤은 동물이고, 반쯤은 형이상학으로 뭉쳐진 그 무엇이다. 그것은 해석되지 않고, 덩어리로써 느껴진다. 니체는 몸, 혹은 신체의 출현을 처음으로 목격하고, 그것의 철학적 의미를 규명한 최초의 철학자다. 들뢰즈는 니체의 신체론을 이렇게 정리한다.

신체란 무엇인가? 우리는 그것을 힘의 영역, 다수의 힘들이 서로 투쟁하는, 영양을 제공하는 환경이라고 말하면서 그것을 정의하지는 않는다. 왜냐하면, 사실상, 그것은 '환경'도, 힘이나 전투의 영역도 아니기 때문이다. 현실적 양은 존재하지 않으며, 모든 현실은 이미 힘의 양이다. 단지 서로서로 '긴장 관계 속에 있는' 힘의 양들일 따름이다. 모든 힘은 복종하거나 명령하기 위해서 다른 힘들과 관계를 맺고 있다. 신체를 정의하는 것은 지배하는 힘들과 지배받는 힘

---

13) 에마뉘엘 레비나스, 앞의 책, 119쪽.

들 간의 관계이다. 힘의 모든 관계가 하나의 (화학, 생물학적, 사회적, 정치적) 신체를 구성한다. 모든 불균등한 두 힘은 그것들이 관계 속에 들어가자마자 하나의 신체를 구성한다. 그래서 신체는 항상 니체적 의미에서 우연의 산물이고, 가장 '놀라운' 것, 사실상 의식과 정신보다 훨씬 더 놀라운 것으로 보인다.[14]

니체는 "밝은 대낮에 등불을 켜고 시장을 달려가며 끊임없이 '나는 신을 찾고 있노라! 나는 신을 찾고 있노라!'라고 외치는 광인에 대해 들어본 일이 있는가?"(『즐거운 학문』, 125절)라고 물었다. 그가 바로 차라투스트라이다. "신이 어디로 갔느냐고? 너희에게 그것을 말해주겠노라! 우리가 신을 죽였다. 너희들과 내가! 우리 모두가 신을 죽인 살인자다!"(『즐거운 학문』, 같은 곳) 이 광인은 인간의 이해를 앞질러서 너무 일찍 지구에 왔다. 이 엄청난 사건은 현재진행형이고, 아직 사람들의 귀에 닿지 않았다. 차라투스트라는 아직 천둥과 번개는 시간이 필요하다고 말한다. 단호하게 신의 죽음을 선언했던 그 차라투스트라가 돌아온다. 그는 태양과 더불어, 대지와 더불어, 독수리와 더불어, 뱀과 더불어, 돌아온다고 했다. 그의 돌아옴은 동일한 것의 영원한 회귀라는 형식으로 이루어진다. 그가 돌아오는 것은 '영원회귀', '대지', '인간의 위대한 정오', 그리고 '초인'을 알리기 위함이다. 차라투스트라의 인간에 대한 통찰은 얼마나 명철한가! 그는 최대의 인간도 정말 작았다고 말한다. 그로 인해 그는 권태에 빠졌다.

---

14) 질 들뢰즈, 『니체와 철학』, 이경신 옮김, 민음사, 87쪽.

나는 돌아오리라(이렇게 차라투스트라는 선언했다). 이 태양과 더불어, 이 대지와 더불어, 이 독수리와 더불어, 이 뱀과 더불어. 새로운 삶이나 혹은 더 나은 삶이나 혹은 비슷한 삶으로서가 아니라……최대의 것에서나 최소의 것에서나 지금과 동일한 바로 이 삶으로 나는 영원히 돌아오리라, 다시금 모든 사물에게 영원회귀를 가르치기 위하여…… 다시금 대지와 인간의 위대한 정오에 관해 말하기 위하여, 그리하여 다시금 인간에게 초인을 알리기 위하여…….

아아, 인간이 영원히 회귀하다니, 소인이 영원히 회귀하다니! 최대의 인간과 최소의 인간, 그들의 벌거벗은 모습을 나는 보았었다. 서로 너무도 흡사했고, 최대의 인간조차도 너무도 인간적이었다!

최대의 인간도 너무나 작았다! 이것이 인간에 대한 나의 권태였다. 그리고 최소의 인간도 회귀한다는 것! 그것이 모든 존재에 대한 나의 권태였다! 아, 넌더리 나는도다……

— 니체, 『차라투스트라는 이렇게 말했다』

인간은 초인이라는 거인의 어깨 위에 앉아 세상을 내려다본다. 니힐리즘에 빠진 인간, 권태와 현기증을 느끼는 인간, 목적이 아니라 하나의 과정이요, 건너야 할 다리인 인간, "짐승과 초인 사이를 잇는 밧줄, 심연 위에 걸쳐 있는 하나의 밧줄"(「차라투스트라의 머리말」)인 인간!

제2부

시와 치유

시인들은 사물과 현상을 응시하고, 우리가 하지 못한 말들, 집단무의식 속에 꿈틀거리는 꿈과 욕망들을 시로 쓴다. 시는 구체적 경험을 질료로 삼고, 무의식이라고 부르는 내면을 비춰준다. 내면을 비추는 빛은 무의식에 억압된 기억들을 되살려내고, 그것들을 직시하게 하며, 우리가 겪는 혼란과 고통이 무엇 때문인지를 자각하도록 도움을 준다. 시는 우리의 제한적 경험의 범주를 넘어서고, 인습적 이해의 세계를 넘어서서 경험의 영토를 인지가 불가능한 곳까지 확장한다. 때로 시가 불가해한 느낌을 주는 것도 그런 이유 때문이다. 좋은 시는 마음에 기쁨을 일으키고 위로를 주며 치유의 효과를 나타낸다. 시 치료(Poetry Therapy)는 시를 읽고 향유하는 자의 인성―의식과 무의식의 총체, 혹은 내면화된 자아—과 시 작품 사이의 역동적인 상호 과정에 바탕을 둔 읽기-치료의 한 방법이다.

누구나 많은 문제들을 안고 살아가며, 날마다 알게 모르게 상처를 받는다. 그 상처의 결과는 감정으로 나타난다. 분노·질투심·화·슬픔·절망·환멸…… 이런 것들이 중첩되면 마음은 점점 더 힘들어진다. 사회적으로 고립되었다는 느낌, 실직이나 실패에 대한 두려움, 불행감과 무력감들은 그 도피처로서 술이나 마약·도박·일·섹스 중독들을 불러온다. 중독들을 불러오는 내면 심리의 무의식적 기원들을 방치할 때 정신 질병으로 고착화할 수도 있다. 이미 정신 질병으로 고착된 상태에서는 정신병원에 입원해 전문적인 치료를 받아야 하겠지만 시 치료는 그 전 단계에서 유용한 효과를 발휘할 수 있다. 시 치료는 곧 내면으로의 여행이고 참다운 자아 찾기다. 일종의 대안 요법이라고도 할 수 있다. 자기를 아는 것, 제 감정의 근원을 들여다보는 것, 그리고 자기 무의식에 대한 이해가 치료의 전제 조건이다.

시에서 은유는 시인의 체험을 전달하는 주요한 방식이다. 은유가 이야기를 응축한 이미지들의 외시라면, 이야기는 넓게 풀어놓고 흘러가는 방식이다. 은유가 무의식을 비추는 번개라고 한다면, 이야기는 "마법의 양탄자, 도피 수단, 정신적 여행"이다. 시를 읽어나가는 동안에 피치료자는 시가 불러일으키는 정서적 환기를 통해 자신만의 느낌들을 갖게 될 것이고, 제 안에 상존하는 불안과 고통, 애증의 원인이 어디에서 비롯되는 것인지를 깨닫고 진단할 수가 있다. 독자-반응(reder-response)이라는 이론에 따르자면 하나의 텍스트는 "하나의 코드, 대기 중인 메시지, 잠재적인 경험"이다. 독자는 텍스트를 읽음으로써 그 안에서 "자신의 고유한 경험과 언어를 가동"시킨다. 사람들은 시나 소설을 읽을 때 기존의 읽기 방식과는 달리 자기만의 방식으로 읽는다는 뜻이다. 텍스트는 그 안에 고정불변의 의미를 갖고 있는 것이 아니라 독자를 만날 때마다 새로운 의미를 지닌 텍스트로 태어난다. 하나의 텍스트는 천 명의 독자를 만남으로써 천 개의 의미를 가진 텍스트가 되는 것이다.

유서가 깊은 옛 의학책에는 "사람의 몸을 살펴보건대, 안으로는 오장육부가 있고, 밖으로는 근과 골, 기와 육, 혈과 맥, 그리고 피부가 있어서 그 형체를 이룬다"[1]고 말한다. 사람은 무엇보다도 몸을 가진 존재다. 같은 책에서는 그 몸과 더불어 "정기신(精氣神)이 또한 장부와 백체(百體)의 주가 되니, 그렇기 때문에 도가(道家)의 삼요(三要)와 불교의 사대(四大)가 모두 이를 말하는 것이다"라고 말한다. 도가에서 말하는 '삼요'는 정(精)·기(氣)·신(神)을 가리키는 것인데, 이는 몸의 내재적 요소다. 사람은 그 삼요로 말미암아 비로소 사람이다. 혹은 연정(練精)·조식(調食)·양심(養心), 이 세 가지를 일컬어 삼요라고 말하기도 한다. 이 세 가지는 음기(陰氣)·양기(陽氣)·충기(沖氣)와 상응하는데, 이는 우주 만물을 이루는 세 요소다.[2] 불교에서 말하는 '사대'는 색(色)과 법(法)을 이루는 네 가지의 바탕들, 즉 지(地)·수(水)·화(火)·풍(風)을 말한다. '사대'로 이루어진 사람의 몸을 작동하는 것은 바로 이 '삼요'다. 기는 만물을 생겨나게 하고 생장과 변화를 이끈다.

---

1) 허준, 『동의보감』, 동의과학연구소 옮김, 휴머니스트, 2002.
2) 노자의 『도덕경』 제42장에서는 다음과 같이 말한다. "도는 하나를 낳고, 하나는 둘을 낳고, 둘은 셋을 낳고, 셋은 만물을 낳는다. 만물은 음을 짊어지고 양을 품으며, 충기로써 조화를 이룬다. 道生一, 一生二, 二生三, 三生萬物, 萬物負陰而抱陽, 沖氣以爲和."

기는 우주 안에서 순환하는 에너지다. 사람이 나고 죽는 것은 네 계절이 순환하는 것과 같다. 사람의 태어남이란 기가 모인 것이고, 생겨난 것은 반드시 흩어지는데 그게 바로 죽음이다. 만물은 그 기의 순환 속에서 생겨났다가 없어지기를 반복한다. "그 시원을 살펴보니 본래 생명이라는 것이 없었다. 생명뿐만 아니라 본래 형체도 없었다. 형체뿐만 아니라 기도 없었다. 무엇인가 혼돈 속에 섞여 있다가 변하여 기가 생겨나고, 기가 변해서 형체가 있게 되었고, 형체가 변해서 목숨이 있게 되었다가, 지금 다시 변해서 죽음으로 간 것이니 이것이 춘하추동 네 계절이 운행하는 것과 같을 뿐이다. 察其始 而本無生, 非徒無生也 而本無形, 非徒無形也 而本無氣. 雜乎芒芴之間, 變而有氣, 氣變而有形, 形變而有生, 今又變而之死, 是相與爲春秋冬夏 四時行也."(『장자』, 「지락(至樂)」) 기는 형체의 기원이다. 따라서 사람에게 기가 있으면 살고 없어지면 죽는다. "기가 있으면 생겨나고, 기가 없어지면 죽는다. 산다는 것은 기 때문이다. 유기즉생(有氣則生) 무기즉사(無氣則死) 생자이기기(生者以其氣)."(『관자』, 「추언(樞言)」) 아프다는 것은 몸 안의 운기(運氣)가 되지 않는 상태를 가리킨다. 몸과 마음이 아프면 기가 쇠진하여 수족에서 기운이 빠져나가 거동이 힘들고 움직임이 크게 줄어 미미해진다. 아픈 사람이 한의사에게 가면 진맥을 짚어보고 기가 허하다, 고 말한다. 물질과 비물질을 함께 아우르는 기는 꺾이기도 하고(기가 꺾인다), 막히기도 하며(기가 막힌다), 탕진하여 밖으로 흩어지기도 한다(기진맥진하다). 섭생과 양생을 제대로 하지 못해 기가 빠져나가면 몸이 조화를 잃고 기필코 병에 든다. 옛 의학책에서는 "기가 한 번 흩어져 육기(六氣)가 조화롭지 못하게 되면 여러 가지 불구의 병이 들고 돌림병이 돌아 백성이 재해를 입"는다고 말한다.

질병은 신체 기관들의 전횡적인 힘과 질서에 침묵하고 있던 질료적 흐름이 특화하며 탈주선을 만드는 것이다. 신체 내부의 질료적 흐름에 포섭된, 즉 신체 기관들에 장악되어 있는 질료적 흐름은 문제가 안 된다. 인간·동물·박테리아·바이러스·분자·미생물 들은 독립적으로 분화된 계통 속에서 각각의 질료적 흐름을 갖는다. 신체와 그 내부에서 외부화하는 질료적 흐름들은 우열 관계, 즉 위계의 계통적 질서에 포섭되지 않는다. 두 개의 질료적 흐름은 균형, 관여, 배제, 공생의 관계에서 상호 동등하다. 그러나 질료적 흐름이 속도 계수의 급격한 증가로 인해 탈코드화될 때 질병이 나타난다. 이때 질병은 감염, 침입, 팽창, 해체이며, 질료적 흐름의 계통과 형질의 변환이다. 질병은 질료적 흐름의 밀도성으로 그것을 퍼뜨리거나 증식하고 변형하거나 고갈에 이르게 한다. 신체 내부의 질서에로 환원되지 않는 속도 계수를 올린 질료적 흐름은 속도와 강밀도의 차이로 신체 내부의 질료적 흐름에 합쳐지지 않고 미끄러져 나간다. 그것은 미끄러지고 특화되며 새로운 내적 환경을 조성한다. 암은 교화되지 않은 야만이고 죽음을 예고하는 징후적 기호다. 암의 공포는 무차별적으로 흩뿌려지는 것의 공포이며, 통제할 수 없는 이상 증식으로 무한대로 확장되는 것의 공포다. 암은 달아나는 늑대이고, 신체의 질서에 통제되지 않는 질료적 흐름이다. 바로 야생이고 야만이다. 야만은 문명의 훈육에 길들지 않는 야성의 드러냄이다. 길들여지면 야만은 비위생 상태에서 위생 상태로 변환된다. 늑대는 넘치고 끓어오르며 거품을 일으키고 번지며 마침내 문턱과 가장자리를 넘어서 개로 변신한다. 더 정확하게 말하자면 개-늑대가 된다. 늑대의 야만성은 개라는 질료적 흐름 속으로 잠복한다. 개는 늑대의 탈영토화이며 늑대라는 계통에서 발생한 질료적 흐름의 변이체다. 개는 주체의 명령에 복종하지만 늑대는 그 명령에 따르지 않는다.

어딜 가서 까맣게 소식을 끊고 지내다가도
내가 오래 시달리던 일손을 떼고 마악 안도의 숨을 돌리려고 할 때면
그때 자네는 어김없이 나를 찾아오네.

자네는 언제나 우울한 방문객
어두운 음계(音階)를 밟으며 불길한 그림자를 이끌고 오지만
자네는 나의 오랜 친구이기에 나는 자네를
잊어버리고 있었던 그동안을 뉘우치게 되네

자네는 나에게 휴식을 권하고 생(生)의 외경(畏敬)을 가르치네
그러나 자네가 내 귀에 속삭이는 것은 마냥 허무(虛無)
나는 지그시 눈을 감고, 자네의
그 나즉하고 무거운 음성을 듣는 것이 더없이 흐뭇하네

내 뜨거운 이마를 짚어주는 자네의 손은 내 손보다 뜨겁네
자네 여윈 이마의 주름살은 내 이마보다도 눈물겨웁네
나는 자네에게서 젊은 날의 초췌한 내 모습을 보고
좀더 성실하게 성실하게 하던
그날의 메아리를 듣는 것일세

생(生)에의 집착과 미련(未練)은 없어도 이 생(生)은 그지없이 아름답고
지옥(地獄)의 형벌이야 있다손 치더라도
죽는 것 그다지 두렵지 않노라면
자네는 몹시 화를 내었지

자네는 나의 정다운 벗, 그리고 내가 공경하는 친구
자네가 무슨 말을 해도 나는 노하지 않네
그렇지만 자네는 좀 이상한 성밀세
언짢은 표정이나 서운한 말, 뜻이 서로 맞지 않을 때는
자네는 몇 달을 쉬지 않고 나를 설복(說服)하려 들다가도
내가 가슴을 헤치고 자네에게 경도(傾倒)하면
그때사 자네는 나를 뿌리치고 떠나가네

잘 가게 이 친구
생각 내키거든 언제든지 찾아주게나
차를 끓여 마시며 우리 다시 인생(人生)을 얘기해 보세그려
—조지훈,「병에게」(『사상계』1968년 1월호)

「병에게」라는 시는 병을 의인화한다. 병은 우울한 방문객, 오랜 친구다. 친구라면 병과 싸울 까닭이 없다. 시인은 병을 "휴식을 권하고 생(生)의 외경(畏敬)을 가르치는" 유익한 벗이라고 한다. 병은 내가 몸을 혹사하며 일을 한 뒤 쉬려고 할 때 찾아온다. "어딜 가서 까맣게 소식을 끊고 지내다가도/내가 오래 시달리던 일손을 떼고 마악 안도의 숨

을 돌리려고 할 때면/그때 자네는 어김없이 나를 찾아오네." 병에 대한 두려움이나 불안과 같은 부정적인 의식은 찾아볼 수가 없다. 질병은 일종의 혼돈이며 불확정적인 상태에 드는 것이지만 시인은 병을 마치 반가운 친구라도 되는 듯 맞이한다. 일말의 두려움도, 불안도 찾아볼 수가 없다. "그러나 자네가 내 귀에 속삭이는 것은 마냥 허무(虛無)/나는 지그시 눈을 감고, 자네의/그 나즉하고 무거운 음성을 듣는 것이 더없이 흐뭇하네". 시인은 어느덧 달관과 체념의 편안함 속에 있다. 그리하여 병이 "나즈막하고 무거운 음성"으로 속삭이는 전언을 삶이 주는 하나의 지혜로 흐뭇하게 받아들인다. 긍정적인 마음으로 병을 품을 때 병은 다정한 도움의 손길을 베푼다.

    내 뜨거운 이마를 짚어 주는 자네의 손은 내 손보다 뜨겁네
    자네 여윈 이마의 주름살은 내 이마보다도 눈물겨웁네

    감정은 몸에 영향을 미친다. 몸과 마음은 하나이기 때문이다. 서양의학에서는 몸과 마음을 따로 떼어보지만 동양의학에서는 몸과 마음을 하나로 본다. 어떤 생각을 품고 감정을 갖느냐는 몸의 생리에 즉각적인 영향을 미친다. 아파 죽겠어, 죽을까봐 무서워, 같은 부정적인 감정은 몸의 면역력을 떨어뜨린다. 괜찮아, 병을 통해서 삶에 대해서 배울 것이 있다면 그렇게 나쁜 것만은 아닐거야, 라는 긍정적인 마음과 태도, 그리고 말은 치유의 효과를 가져온다. 건강은 현실의 예측 불가능성에 대응하는 몸의 잉여이고, 병은 그것에 대응할 수 없는 몸의 한계이자 결핍이다. 활력의 잉여 속에 있다면 몸은 휴식을 필요로 하지 않는다. 아울러 몸의 부림이 활발한 가운데에는 고즈넉하게 생

의 외경을 받아들일 틈조차 생기지 않을 것이다. 덜컥 병에 걸리면 잉여의 활력들은 한순간에 사라진다. 눈에 띄게 움직임이 줄고 행동반경이 위축될 것이 뻔하다. 이때 휴식을 취하는데, 휴식이란 흩어진 기를 모으고 잃어버린 조화를 찾으려는 자기 회복의 시간이다. 시인은 병이 불러오는 휴식의 강제 속에서 삶을 그윽하게 성찰하며 맛본 삶의 다감함에 고마움을 표한다.

어두운 방안에
바알간 숯불이 피고,

외로이 늙으신 할머니가
애처로이 잦아드는 어린 목숨을 지키고 계시었다.

이윽고 눈 속을
아버지가 약을 가지고 돌아오시었다.

아, 아버지가 눈을 헤치고 따오신
그 붉은 산수유 열매……

나는 한 마리 어린 짐승,
젊은 아버지의 서느런 옷자락에
열로 상기한 볼을 말없이 부비는 것이었다.

이따금 뒷문을 눈이 치고 있었다.

그날 밤이 어쩌면 성탄제의 밤이었을지도 모른다.

어느새 나도
그때의 아버지만큼 나이를 먹었다.

옛것이란 거의 찾아볼 길 없는
성탄제 가까운 도시에는
이제 반가운 그 옛날의 것이 내리는데,

서러운 서른 살 나의 이마에
불현듯 아버지의 서느런 옷자락을 느끼는 것은,

눈 속에 따오신 산수유 붉은 알알이
아직도 내 혈액 속에 녹아 흐르는 까닭일까.

—김종길, 「성탄제」

음은 거둬들이고(斂), 저장하며(藏), 침잠(沈潛)하는 성질을 갖는다. 땅, 달, 여자, 작은 것, 찬 것, 부드러움, 정적이고 어두운 것 따위를 아우른다. 양은 밖으로 발산하고 드러내며 생장(生長)하는 기(氣)다. 하늘, 해, 남자, 큰 것, 더운 것, 강함, 활동적이고 밝은 것 따위를 아우른다. 「성탄제」는 시인 자신이 어린 시절에 겪은 일에 바탕을 두고 있는 시다. "애처로이 잦아드는 어린 목숨"은 삶과 죽음의 경계에 놓여 있다. 어린애가 위중한 병색을 드러내자 젊은 아버지는 눈 속을 헤치고 붉은 산수유 열매를 구해온다. 어린애는 스스로를 "한 마리 어린 짐승"이라고 느낀다. 짐승은 무지몽매하며 동시에 순결한 존재다. 이 상황을 감싸고 있는 시간은 밤이고, 계절은 눈이 내려 쌓인 한겨울이다. 어린아이, 겨울, 밤, 이 모두를 감싼 어둠과 대기의 차가움 따위는 음의 기운을 띤다. 바알간 숯불, 아버지, 산수유 열매 따위는 양의 기운을 띤다. 이 시에서 평온한 기운이 느껴지고 치유의 효과가 기대되는 것은 음과 양이 잘 조화된 데서 비롯한다. 질병의 유발과 치유의 단계에서 마음과 감정이 차지하는 비중은 크다. 병의 대부분은 심신상관적(psychosomatic) 질병이다. 마음과 면역체계 사이에는 아주 긴밀하고 섬세한 양방향 소통 체계가 있기에 마음의 상태는 몸의 면역체계에 지속적인 영향력을 미친다. 부정적 사고, 해로운 감정 패턴, 우울증, 불면 따위는 몸의 면역 기능을 떨어뜨리고 몸에 나쁜 영향을 미친다. 그 반대로 긍정적인 사고, 사랑과 신뢰에 대한 확신, 밝은 웃음, 편안한 숙면 따위는 몸의 면역력을 높이고 치유 효과를 극대화한다.

다시 시로 돌아가보자. 어린애는 숯불이 피어 있는 아늑한 집안에서 편안하게 할머니와 젊은 아버지의 지극한 간병과 사랑을 듬뿍 받고 있다. 어린애는 제게 아낌없이 모든 것을 주는 양육자이자 보호자인 두 사람에 대한 무한한 신뢰와 사랑을 느끼고 받아들인다. 좋은 소통이 그침없이 이루어지고 있는 것이다. 어린애는 병중에 있으면서도 "열로 상기한 볼을 말없이 부비는" 차가운 기운, 즉 "젊은 아버지의 서느런 옷자락"에서 사랑의 기쁨을 느끼고 있는 게 분명하다. 시에는 언급되어 있지 않지만 아픈 어린애는 필경 병을 떨치고 일어났을 게 분명하다.

어머니, 눈부셔요.
마치 금싸라기의 홍수 사태군요.
창을 도로 절반은 가리시고
그 싱싱한 담쟁이넝쿨잎 하나만 따주세요.

그것은 살아 있는 오월의 지도
내 소생한 손바닥 위에 놓인.
신생의 길잡이, 완벽한 규범,
순수무구한 녹색의 불길이죠.
삶이란 본래 이러한 것이라고.
병이란 삶 안에 쌓이고 쌓인 독(毒)이 터지는 것,
다시는 독이 깃들지 못하게
나의 살은 타는 불길이어야 하고
나의 피는 끊임없이 새로운 희열의 노래가 되어야죠.

참 신기해요, 눈물 날 지경이죠
사람이 숨쉬고 있다는 것이,
그래서 죽지 않게 마련이라는 것이.
저 창밖에 활보하는 사람들,
금싸라기를 들이쉬고 내쉬면서.
저것은 분명 걷는 게 아니에요,
모두 발길마다 날개가 돋쳐서
훨훨 날고 있는 것이지요.
그리고 웃음소리, 저 신나게 떠드는 소리,

사람의 몸에서 어떻게 저런 소리가 날까요.
그것은 피가 노래하는 걸 거예요,
사는 기쁨에서 절로 살이 소리치는 걸 거예요.

어머니, 나도 살고 싶습니다.
나는 아직 한 번도 꽃피어 본 일이 없는 걸요.
저 들이붓는 금싸라기를 만개한 알몸으론
받아본 일이 없는 이 몸은 꽃봉오리.
하마터면 영영 시들 뻔하였던
이 열일곱 어지러운 꽃봉오리
속을 맴도는 아픔과 그리움을
어머니, 당신 말고 누가 알겠어요.
마지막 남은 미열이 가시도록
이 좁은 이마 위에
당신의 큰 손을 얹어주세요.
죽음을 쫓는 손,
그 무한히 부드러운 약손을.

—박희진, 「회복기」

    음양은 만물의 근본이며 삶과 세계에 깃든 근본이다. 음양은 순환하는데, 몸 안에서 음과 양이 조화를 이뤄야만 인체의 오행 구조가 화평하며 건강하다. 「성탄제」의 배경이 겨울이라면, 기로 충만한 생명의 기쁨을 갈망하는 박희진의 시 「회복기」의 배경은 봄이다. 시인은 병을 "삶 안에 쌓이고 쌓인 독(毒)이 터지는 것"이라고 한다. 시의 화자는

"하마터면 영영 시들 뻔하였던/이 열일곱 어지러운 꽃봉오리"라는 구절에 따르면 청년기 직전의 사춘기로 병에 걸린 상태다. '하마터면'이라는 부사는 죽음에서 삶에로 넘어온 극적인 반전을 암시한다. 자, 시를 읽어보자. "어머니, 눈부셔요./마치 금싸라기의 홍수 사태군요./창을 도로 절반은 가리시고/그 싱싱한 담쟁이넝쿨잎 하나만 따주세요." 금싸라기처럼 눈부신 햇빛이 쏟아지니 때는 한낮이고, 신록의 잎이 피어오르니 계절은 봄이다. 양의 기운으로 가득 차 있는 시절이다. 양의 기운은 음습(陰濕)을 말리고 병독(病毒)을 치유한다. 주변에 넘치는 햇빛과 담쟁이넝쿨잎 따위는 생기의 발흥으로 피돌기가 활발해지고 원기를 북돋운다. 다음 연을 보라. "그것은 살아 있는 오월의 지도/내 소생한 손바닥 위에 놓인./신생의 길잡이, 완벽한 규범,/순수무구한 녹색의 불길이죠." 햇빛은 태양이라는 분화구에서 나오는 불꽃 없는 불이다. 빛으로만 타오르는 햇빛을 독일의 낭만파 시인 노발리스는 "불이라는 현상의 정수(精髓)"라고 말한다. 불의 성질은 생명의 원리와 닮았다. 남성적 활동의 원리가 강한 불이라면, 여성은 아직 팽창하지 않는 연약한 불이다. 남성의 몸에서 생성하는 정액이란 불의 원소를 품은 액체다. "남성이란 열에 의해 팽창된 여성"[3]이다. 이 불의 영향은 만물에 두루 미친다. 불은 씨앗을 발아하게 하고 꽃들이 피어나게 한다. 금싸라기 햇빛에 화답이라도 하는 듯 생명은 녹색의 불길로 타오른다. 생명은 녹색으로 타오르는 불길이다. 몸 안에 내재화된 정화된 불은 힘과 열정으로 생명을 타오르게 한다. 병든 이가 살고자 하는 강렬한 희구와 함께 자기 안에서 샘솟는 생의 희열을 드러낸다는 것은

---

3) 가스통 바슐라르, 『불의 정신분석』, 김병욱 옮김, 이학사, 2007.

강력한 회복의 신호다. 건강한 사람들의 걸음걸이는 마치 날개가 돋쳐 날고 있는 듯하고, 웃음소리는 마치 피와 살이 노래하는 듯하다. "저 창밖에 활보하는 사람들,/금싸라기를 들이쉬고 내쉬면서./저것은 분명 걷는 게 아니에요,/모두 발길마다 날개가 돋쳐서/훨훨 날고 있는 것이지요./그리고 웃음소리, 저 신나게 떠드는 소리,/사람의 몸에서 어떻게 저런 소리가 날까요./그것은 피가 노래하는 걸 거예요,/사는 기쁨에서 절로 살이 소리치는 걸 거예요." 아픈 사람은 피가 깨끗하지 않고 정기(精氣)가 채워지지 못한 상태다. 열은 병증(病症)과 몸이 자정하며 스스로를 치유하는 과정에서 일어나는 현상이다. 이 시의 화자는 병의 흔적인 미열을 앓고 있다. 그래서 대지모신인 어머니에게 치유의 기운을 달라고 청원한다. "마지막 남은 미열이 가시도록/이 좁은 이마 위에/당신의 큰 손을 얹어주세요./죽음을 쫓는 손,/그 무한히 부드러운 약손을." 피가 액화된 불이라면 핏속에 떠도는 열은 부패한 불의 산물이며, 불순의 흔적이다. 바슐라르에 따르자면 병자의 피가 품은 열은 "불순한 유황의 흔적"[4]이다. 이 시의 화자는 병에서 회복하는 중이다. 밝은 햇빛과 웃음소리에 시각과 청각은 신속하게 반응하고, 세계의 풍부한 색채에 오감이 열려 반응하며 희열을 드러낸다. 활력이 차오르고 신생의 기쁨이 커지면서 고통은 눈에 띄게 줄어든다. 꺼져가던 불꽃이 다시 살아 타오르듯 생명은 기로 충만하여 그 활력을 빛으로 드러낸다.

한용운은 거의 한 세기 전에 "님은 나를 게으르다고 꾸짖습니다. 에

---

4) 가스통 바슐라르, 앞의 책.

그 저것 좀 보아, '바쁜 것이 게으른 것이다' 하시네"(「사랑의 끝판」)라고 노래했다. 한용운은 바쁜 것이 게으른 것이다, 라고 꾸짖는데, 우리는 너무 바빠서 미처 자기를 돌아볼 시간도 없지만 그것을 꾸짖어 줄 임조차 잃은 시대에 산다. 그래서 바쁜 게 게으른 것인지를 알지 못한다. 옛 현인도 "고요히 앉아 보지 않고서는 바쁨이 얼마나 신속하게 우리의 정신을 소모시키는지 알지 못한다. 이리저리 불려 다녀보지 않고선 한가함이 얼마나 참되게 우리의 마음을 길러주는지 알지 못한다"(주석수, 「유몽속영(幽夢續影)」)고 했다. 지나치게 바쁨은 정신의 기력을 소모시키고, 기력이 소진되면 음양의 리듬이 깨지고 만다. 필경 탈이 나고 병이 난다. 그런 까닭에 바쁨에 매달리는 것은 제 몸의 양생에 게으름이 되는 것이다.

바람도 없는 공중에 수직의 파문을 내이며 고요히 떨어지는 오동잎은 누구의 발자취입니까.
지리한 장마 끝에 서풍에 몰려가는 무서운 검은 구름의 터진 틈으로 언뜻언뜻 보이는 푸른 하늘은 누구의 얼굴입니까.
꽃도 없는 깊은 나무에 푸른 이끼를 거쳐서 옛 탑 위의 고요한 하늘을 스치는 알 수 없는 향기는 누구의 입김입니까.
근원은 알지도 못할 곳에서 나서 돌부리를 울리고 가늘게 흐르는 작은 시내는 굽이굽이 누구의 노래입니까.
연꽃 같은 발꿈치로 가이없는 바다를 밟고, 옥 같은 손으로 끝없는 하늘을 만지면서 떨어지는 날을 곱게 단장하는 저녁놀은 누구의 시입니까.
타고 남은 재가 다시 기름이 됩니다. 그칠 줄을 모르고 타는 나의

> 가슴은 누구의 밤을 지키는 약한 등불입니까.
>
> ─한용운, 「알 수 없어요」

안과 밖은 둘이면서 둘이 아니다. 태극 안에 음과 양이 그러하듯 안과 밖은 하나 안의 둘이다. 천지에 음양이 있고 사람에게는 남녀가 있다. 천지가 봄·여름·가을·겨울로 변화하며 순환하듯 사람과 식물은 생장·소멸을 반복하며 순환한다. 하늘에 오음이 있고 사람에게는 오장이 있다. 하늘에 육률이 있고 사람에게는 육부가 있다. 땅에 12경수가 있고, 사람에게는 12경맥이 있다. 이렇듯 사람의 몸은 우주의 축약이다. 약동하는 천지 만물은 살아 있는 그대로 몸의 생리적 구조에 조응한다. 천지의 몸과 나의 몸은 기를 매개로 소통하며 조화에 이를 때 온전하다. 기의 소통이 막히고 조화가 깨질 때 몸 안의 간·심·비·폐·신에 있는 풍·한·열·습·조·화(風·寒·熱·濕·燥·火)의 평형이 무너지며 조절 능력을 잃는다. 바로 병이라고 부르는 사태가 생긴다. 치유는 막힌 기의 소통을 원활하게 하고 잃어버린 조화를 찾게 해 주는 것이다.

살아 있는 것은 그 자체로 하나의 파동이다. 꽃은 피고 지고, 날은 지고 새고, 파도는 오고 간다. "홰를 탄 닭은 날개를 움직입니다./마구에 매인 말은 굽을 칩니다."(「사랑의 끝판」) 이 파동의 세계 속에서 임은 파동으로 존재한다. 떨어지는 오동잎의 궤적, 푸른 하늘빛, 작은 시내, 저녁놀 속에 임이 깃들지 않은 곳이 없다. 「알 수 없어요」는 천지의 약동을 다 품고 있는 시다. 오동잎은 공중에 수직의 파문을 만들며 "떨어지고", 서풍에 검은 구름은 어디론가 "몰려가고", 푸른 이끼가 돋은 큰 나무가 뿜어내는 수액의 향취는 고요한 하늘을 "스쳐가고", 작은 시내는 돌 틈 사이를 "흘러가고", 저녁놀은 저 하늘 위에 "퍼져간다". 천지 만물은 저 스스로 움직이고, 이것들은 눈과 코와 귀에 고스란히 포착된다. 이 시에는 우주를 이루는 오행(五行)의 요소가 다 있다. [5] 물은 아래로 흐르면서 만물을 적시고, 불은 타오르며 위를

---

5) 음양오행설은 한방의학의 중요한 기초 이론이다. 사람은 하늘을 이고 땅 위에 태어나지만 하늘과 땅, 사람은 모두 음양의 원리에 지배를 받고, 따라서 몸의 생리(生理)와 병리(病理)에 대한 원리·진단·치료·약재 등도 일체가 이 음양오행의 원리에 따른다. 사람의 몸에서 外[밖]는 양이고 內[안]는 음이며, 장(臟)은 음이고 부(腑)는 양이다. 몸의 생리 기능에서 혈압이 오르거나 분비액의 많아지는 것은 양의 현상이며, 혈압이 내리거나 분비액이 줄어드는 것은 음의 현상이다. 음양의 원리는 우주를 구성하는 근본의 원리고, 변화가 일어나는 근원이며, 살리고 죽이는 이치다. 음양의 흐름과 변화는 해와 달과 날에 따라 유동적이며 사람의 몸은 이에 맞출 때 가장 건강한 상태를 유지할 수 있다. 이를테면 봄과 여름에는 늦게 자고 일찍 일어나야 하지만 가을과 겨울에는 일찍 자고 늦게 일어나야 몸에 좋다. 동양의 오래된 의학서인 『황제내경』에서는 이렇게 말한다. "겨울은 가두어 깊이 간직해 두는 때다. 물이 얼고 땅이 갈라진다. 양기를 불필요하게 요동시키지 말라. 겨울에는 일찍 자고 늦게 일어나야 한다. 일어날 때는 해가 높이 뜨기를 기다리며, 마음에 무언가 감춘 듯 밖으로 드러내지 말고, 이미 귀중한 것을 얻은 것처럼 하며, 추운 기를 없애고 따뜻하게 하라. 다만 너무 덥게 하여 필요 없는 땀을 흘려서 양기를 빼앗기지 않게 한다. 이것이 겨울의 기를 따라 갈무리하는 것[藏]을 기르는 도이니 이에 거스르면 신(腎)을 상하게 하여 봄이 되면 손발이 무력해지고 차게 되는 병에 걸리게 되어 봄의 자라는 기[生]를 받들기에 부족하다." 자연과 사람을 한데 아우르는 양생의 근본 원리인 이 음양에 작용하는 조화와 균형이 깨지면 탈이 나고 병이 생긴다. 병의 치료는 양과 음의 많고 적음을 조화시켜 무너진 음양의 균형을 되찾게 함으로써 이루어진다. 한대(漢代)의 오행학자인 동중서(董仲舒)는 오행을 자연 질서나 자연 현상이라고 생각하고 다음과 같이 정리한 바 있다. 첫째, 자연 현상으로 본 오행 : 목(木)은 봄이다. 줄기와 잎이 돋아나므로 생성을 품는다. 숫자는 3, 8이다. 화(火)는 여름이다. 만물이 생장하며 날은 더워지고 나무는 무성해진다. 숫자는 2, 7이다. 토(土)는 사계절 모두에게 해당한다. 생명 가진 모든 것을 낳고 기른다. 숫자는 5, 10이다. 금(金)은 가을이다. 무르익은 오곡을 거두어들인다. 숫자는 4와 9이다. 수(水)는 겨울이다. 수확한 것을 저장하고 휴식을 취한다. 숫자는 1, 6이다. 둘째, 성질로 본 오행 : 목(木)은 생기 발흥 작용(生機 發興作用), 화(火)는 활동 작용, 토(土)는 잉육 배식 작용(孕育 培植作用), 금(金)은 금제 작용(禁制作用), 수(水)는 장복 작용(藏伏作用)을 나타낸다고 본다. 셋째, 색과 방향으로 본 오행 : 목(木)은 잎이 푸른색을 나타냄으로 청색이고, 절기는 봄이고 방위는 동쪽이다. 화(火)는 불꽃이 빨갛기 때문에 적색이며, 절기는 여름이고 방위는 남쪽이다. 토(土)는 땅의 색을 나타냄으로 황색이며, 임금을 뜻함으로 평민은 이 색을 사용할 수 없다. 방위는 동서남북의 중앙을 뜻하며 사방을 관장한다. 금(金)은 칼을 나타냄으로 백색이다. 쇠는 검은색이나 숫돌에 갈면 흰색이 나타난다. 절기는 가을이고 방위는 서쪽이다. 수(水)는 물을 나타냄으로 보통은 흰색이나 파란색이다. 약을 달인 물이나 고여 썩은 웅덩이 물은 검은색이다. 아울러 모든 색을 섞으면 흑색이 된다. 절기는 겨울이고 방위는 북쪽이다.

향하고, 나무는 땅에 뿌리를 박고 하늘로 가지를 뻗고, 금은 쇠나 바위 같은 것을 나타냄으로 단단하고 마른 성질을 갖고, 흙은 들과 산, 때로는 마당을 뜻하며 만물이 생장하는 터전이다. 곽말약은 일찍이 "물에서 아래로 젖어드는 이치를 뽑아냈고, 불에서 위로 타오르는 이치를 뽑아냈으며, 나무에서 휘어지거나 곧다는 관념이 나왔고, 쇠에서 마음대로 구부릴 수 있다는 생각이 나왔고, 땅에서 곡식을 생산한다는 생각이 나왔다. 또 오미(五味)에서는 아래로 젖어드는 것이 짜다는 것은 바닷물에서 나온 관념이고, 위로 타오르는 것이 쓰다는 것은 물건을 태우면 쓴맛으로 변하기 때문이다. 그리고 오행의 상생 상극의 순서도 생활의 경험에서 연원한다"라고 말했다. 『주역』의 「계사전(繫辭傳)」에서는 "우주에서 삼라만상이 무궁한 변화를 일으키고 있는 것은 음(陰)과 양(陽)이라는 이질적인 두 기운이 지닌 바의 작용으로 인하여 모순과 대립이 나타남으로써 일어나는 현상이다"라고 했다. 「알 수 없어요」는 오행을 이루는 물·불·흙·쇠·나무와 같은 요소들이 음과 양이 조화된 가운데 배치되어 있으며, 이 안에는 생명 기운이 가득 차 있다. 그 기운을 받아들이면 요동치는 몸과 마음이 진정되고, 몸과 마음이 쇠잔해 있다면 생기를 자극해 북돋운다. 가만히 읊조리면 저절로 몸과 마음이 두루 평안해지는데, 이 평안 속에서 안과 밖의 기가 고요하게 소통하며 몸은 저 스스로 필요한 조화와 안정을 찾는다.

무의식과 상상력

1
무의식을 노래하라

시는 교감과 소통의 수단이다. 시인은 제 안의 것들을 노래하는데, 제 안의 것들은 본디 밖에 있다가 존재의 안쪽으로 들어와서 제 것이 된 것들이다. 내 안에 들어와 영속적인 흔적들로 저장하고 재생할 수 있는 정신 생리학적인 잔유물을 보통은 기억이라고 부른다. 기억은 사진과 비슷하다. 생리학적 기억은 "수용 매체의 감응, 흔적의 잠재성, 시각 상의 신경 부호로서의 전환, 곧바로 또는 오랜 뒤에도 가능한 현상 처리로서의 재생"[1]의 요소들을 갖는데, 이것들은 사진의 요소들과 겹친다. 비유적으로 말하자면 기억은 사진첩에 꽂힌 수만 장의 사진들, 혹은 뇌라는 서고(書庫)의 책장에 꽂힌 천 권의 책이다. 기억은 램프의 그을린 유리 표면이다. 그을린 유리는 한때 램프에 불이 타올랐음을 증언한다. 기억은 한마디로 인상이며 각인이다. 처음에 뇌에 있다가 심장으로 옮겨간다. 뇌에 있는 것은 그 보존 연한이 심장으로 옮겨 간 기억보다 짧다. 물론 기억이 고정불변의 것은 아니다. 기억은 세월의 흐름과 함께 어떤 세부는 흐릿해지거나 굴절되며 다른 상으로 변용된다. 시는 그 기억과 상상력의 화학적 결합을 통해 나온다. 모든 시의 이미지들은 기억과 무의식을 물고 나온다. 좋은 시는 제 안의 무의식이란 잉크를 찍어 쓴 시다. 이미지는 말로 할 수 없는 것, 모호한 것, 인지한 것과 인지할 수 없는 것들을 포괄하는 우주의 압축 파일이다. 시의 이미지들은 말로 말해질 수 없는 꿈, 혹은 끝내 분출하지 못한 의식, 혹은 자신도 설명할 길이 없는 비의를 품는다. 시적 직관이 빚어낸 좋은 시의 이미지들은 마음의 종양들, 즉 두려움· 분노·슬픔·불행을 직시하게 하고, 견디는 힘을 주며 자아의 자존감을 높여준다.

> 푸른 수액을 빨며 매미 울음꽃 피우는 한낮이면
> 꿈에 젖은 듯 반쯤은 졸고 있는 느티나무
> 울퉁불퉁 뿌리, 나무의 발등
> 혹은 발가락이 땅 위로 불거져 나왔다
> 군데군데 굳은살에 옹이가 박혔다

---

1) 다우베 드라이스마, 『기억의 메타포』, 정준형 옮김, 에코리브로, 2006.

먼 길 걸어왔단 뜻이리라
화급히 바빠야 할 일은 없어서 나도
그 위에 앉아 신발을 벗는다
그렇게 너와 나는
참 멀리 왔구나 어디서 왔느냐
언제부터 여기에 있었느냐
어디로 가는 길이냐 물으며 하늘을 보는데
무엇이 그리 무거웠을까 부러진 가지
껍질 그 안쪽으로
속살이 썩어 몸통이 비어가는데
그 속에 뿌리를 묻고 풀 몇 포기가 꽃을 피워
잠시 느티나무의 내생을 보여준다
돌아보면
삶은 커다란 상처 혹은 구멍인데
그것은 또 그 무엇의 자궁일지 알겠는가
그러나 섣불리
치유를 꿈꾸거나 덮으려 하지 않아도 좋겠다

때 아닌 낮 모기 한 마리
내 발등에 앉아 배에 피꽃을 피운다
잡지 않는다
남은 길이 조금은 덜 외로우리라
다시 신발끈을 맨다
　　　　　　　　—복효근, 「느티나무로부터」[2)]

바슐라르는 나무들을 땅이 피워 올린 '녹색의 불꽃'들이라고 했다. 복효근 시인이 보여주는 이 느티나무도 땅의 자양분을 기름 삼아 타오르는 아주 오래된 불꽃이다. 이 느티나무는 "꿈에 젖은 듯 반쯤은 졸고 있"다. 이 느티나무가 칠정(七情)과 육욕(六欲)이 두루 안정되어 두려움이나 슬픔이 없는 평화의 상태에 있음을 뜻한다. 이것은 『동의보감』에서 말하는 영명(靈明)의 상태가 아닌가! "심이 안정되면 신명과 통하여 일이 일어나기도 전에 미리 안다고 하였다. 그래서 문밖을 나가지 않아도 천하를 알고 창문을 내다보지 않아도 하늘의 도를 볼 수 있다고 한 것이다. 마음이 마치 물이 흔들리지 않고 오래되면 맑고 깨끗해져서 그 밑바닥을 들여다 볼 수 있는 것처럼 된 그런 마음을 영명(靈明)이라 한다. 고요하게 하여 원기(元氣)를 든든하게 하면 어떤 병도 생기지 않으므로 오래 살 수 있다."[3] 이때 심은 신(神)을 간직하고 있는 온몸의 군주며, 칠정을 통솔하고 그 작용을 주고받는다고 했다. 칠정은 기뻐하는 것, 성내는 것, 근심하는 것, 생각하는 것, 슬퍼하는 것, 놀라는 것, 무서워하는 것을 말한다. 지나치게 두려워하고 생각이 많으면 심의 신(神)을 상하게 된다고 한다.

이 느티나무의 '울퉁불퉁한 뿌리'와 '굳은살'과 '옹이'는 나무가 겪은 시련과 고통을 은유적으로 드러낸다. 이 느티나무에서 인고의 성자(聖者)를, 누구도 함부로 범접할 수 없는 숭고함을 엿본다. 그 숭고함의 뒤에 가려진 이 느티나무가 오늘에 이르기까지 치른 불행과 희생도 함께 엿본다. 이 느티나무는 거목이지만 너무 오래되어 쇠락의 기미를 드러낸다. 가지는 부러졌고, "속살[은] 썩어 몸통[은] 비어"간다. 이 느

---

2) 복효근 시집, 『목련꽃 브라자』, 천년의시작, 2005.
3) 허준, 『동의보감』, 동의과학연구소 옮김, 휴머니스트, 2002.

티나무의 빈 몸통을 빌려 어디선가 날아온 풀씨들은 뿌리를 묻고 풀꽃을 피워내기도 한다. 그 풀꽃들을 시인은 이 느티나무의 "내생"이라고 말한다. 땅속 깊이 뿌리를 박고 안정감 있게 서 있는 이 느티나무에서 늠름하게 살아남은 노인의 모습을 겹쳐 보는 것인데, 사람 역시 살다보면 크고 작은 시련과 만나고, 질병과 실패를 피할 수 없다. 끝내 견디고 살아남은 느티나무는 내면에서 지혜의 목소리를 이끌어낸다. 자아와 현실과 내면의 불행을 직시하라. 그 소중한 순간에서 달아나지 마라. 거기서 달아나는 순간 미래는 존재하지 않는다. 그것을 꿋꿋하게 견디고 살아남으라. 시인은 "삶[이] 커다란 상처 혹은 구멍"이라고 말한다. 구멍은 동시에 무엇인가를 낳고 기르는 "그 무엇의 자궁"이다. "섣불리/치유를 꿈꾸거나 덮으려 하지 않아도 좋겠다"라고 말한다. 시인은 이 느티나무를 통해 내면의 소리를 이끌어냄으로써 독자를 시와의 영적인 교감과 소통으로 이끈다. 이렇듯 시는 정신에 위안과 평온함과 생기를 불어넣음으로써 면역체계의 능력을 북돋워 스스로 자기 안의 병들을 치유하는 자연 치유제다.

「청산별곡(靑山別曲)」은 "울어라 울어라, 새여. 자고 일어 울어라, 새여./널라와 시름한 나도 자고 일어 우니나니"라고 노래한다. '새'에게 울음을 청유하는 형식이지만 이 청유는 사실은 제 슬픔을 드러내는 청유다. 내 안에 울고 싶은 슬픔이 있다는 것이다. 울음은 깊은 슬픔에서 비롯된 마음의 절규다. 울고 싶을 때 우는 것은 내 안의 고통과 두려움과 비통함에서 벗어나게 한다. 그 고통과 두려움과 비통함을 애써 감추려고 하지 마라. 오히려 그것을 적극적으로 드러내고 거기에서 비롯된 감정을 순수하게 표현하라. 울음은 제 감정을 스스로 자각함을 보여주는 것이며, 치유의 첫 번째 단계에 들어섰음을 알려주는 증표다. 사람은 무엇보다도 감정의 동물이다. 감정은 에너지의 흐름 그 자체이며, 타자와의 유대와 접속의 매개물이다. 우리가 다른 사람을 사랑하거나 미워하는 것은 감정을 지녔기 때문이다. 자기가 누구인지를 알기 위해서는 먼저 자기의 감정의 실체를 잘 알아야 한다. "감정[은] 내 영혼의 각축장이다. 자신의 감정을 알지 못하면 인격을 영혼에 일치시키지 못한다."[4] 아울러 감정은 육체의 장기들과 밀접히 연관되어 있다. 고통의 감정은 명치 부근을 뻐근하게 만들고 심장에는 무언가 날카로운 것으로 찌르는 듯한 통증을 수반한다. 사랑하는 사람이 죽었을 때 아주 격한 슬픔에 빠진다. 그 격한 슬픈 감정은 몸에 어떤 변화를 불러오는가? 슬픔이 너무나 클 때 심장이 찢기는 통증을 동반한다. 그러므로 자기의 감정을 잘 알기 위해서는 에너지의 흐름이 어떤가를 살피고, 몸의 감각에 집중해야만 한다.

분노라는 감정은 세계와 내 안에 있는 충동과 의지의 불일치에서 비롯한다. 일이 자기 뜻대로 되지 않을 때 사람들은 분노한다. 분노는 나 이외의 것들, 타자와 세계에 대한 강렬한 거부의 감정이다. 분노는 자기의 뜻대로 할 수 없는 일들, 사람들, 사회에 대한 절망과 무력감의 다른 표현이다. 분노는 그것이 타자를 향할 때조차 무력한 자기 자신을 향한 소극적 공격이다. 그렇기 때문에 분노는 분노를 낳게 만든 대상뿐만 아니라 자기를 다치게 한다. 분노가 고착될 때 사람들은 스스로를 타자나 세계와의 소통이 단절된 상태 속에 유폐해버린다. 그들은 언제나 사회의 그늘 속에 웅크린 채 시간을 흘러보낸다.

---

4) 게리 주커브·린다 프란시스, 『감정을 과학한다』, 윤규상 옮김, 이레, 2007.

시는 기억과 연상을 통해 그 무의식의 기원들을 따라가 바라보도록 이끈다. 시를 읽는 사람은 몰입하며 언어로 표현된 것, 이미지와 은유들, 이야기들에 제 마음을 겹친다. 이것을 느낌의 동일시라고 하는데, 이런 과정을 통해 독자는 자기 안에 흐르는 감정과 느낌들을 알아보고, 자기를 인식하게 된다. 의사-자아(pseudo-self)를 갖는 것이다. 이것의 효과로 제 안에 있는 억압된 기억들에 대한 이해와 통찰에 이르게 된다. 독자들은 예술과 접촉하면서 종종 공감의 정서적 반응으로써 눈물을 흘리기도 한다. 예술작품에서 얻는 감동은 예술작품과 자신의 감정이 완전한 동일시에 이름으로써 억압을 해소하도록 이끈다. 시가 불러일으키는 감정의 '정화 효과'라고 할 수 있다.

김춘수의 「꽃」은 이렇게 노래한다. "내가 그의 이름을 불러주기 전에는/그는 다만/하나의 몸짓에 지나지 않았다.//내가 그의 이름을 불러주었을 때/그는 나에게로 와서/꽃이 되었다.//내가 그의 이름을 불러준 것처럼/나의 이 빛깔과 향기에 알맞은/누가 나의 이름을 불러다오./그에게로 가서 나도/그의 꽃이 되고 싶다." 이 시에서 '꽃'은 하나의 메타포인데, 이 메타포의 근원을 더듬어가면 한 사람의 정신 생리학적인 잔유물로서의 '꽃'에 대한 기억과 만날 수 있다. 아마도 이 '꽃'은 시인의 기억에 오래 남을 인상적인 빛깔과 향기를 지닌, 그 무엇과 견줄 수 없는 단 하나의 '꽃'이었을 것이다. 그 '꽃'에 대한 기억의 구체적 세목은 드러나지 않는다. 하지만 그 '꽃'은 유일한 것의 형상, 의미를 품고 있다. 독자의 무의식 안에서 이 '꽃'의 이미지는 '사람'의 이미지로 전이된다. 좋은 시인들은 제 안의 감정과 무의식을 탐색하는 천재들이다. 김춘수는 제 안에 모호한 추상의 형태로 웅크리고 있는 것을 불러내 그 빛깔과 향기에 맞는 '꽃'이라는 '이름'을 주었다. '꽃'이라는 이름을 갖기 전 그것은 다만 뜻이 없는 '하나의 몸짓'에 지나지 않았다. 그 뜻 없음의 덩어리가 '꽃'으로 호명됨으로써 비로소 의미화되는 것이다.

2
무의식 : 내면에 숨은 나를 비추는 등대

삶에서 숱한 문제들을 일으키는 충동·집착·강박·중독 들은 모두 자기 안의 무의식에 그 기원을 갖고 있다. 충동·집착·강박·중독 들은 감정의 적폐들이다. 이것들은 어떤 경험이 갖고 있는 정서적 고통을 피하기 위해 억압된 과거의 기억에서 시작한다. 이것을 정면으로 바라보고 대응하는 것이 너무나 고통스럽기 때문에 비슷한 상황 속에서 심리적으로 움츠러들거나 슬쩍 도피함으로써 그것은 타인들과의 관계, 세계와의 관계에서 지속적으로 부정적인 영향을 미친다. 기억의 억압에 사로잡혀 있는 한 우리는 피해자 감정에서 벗어날 수가 없다. 많은 사람들이 기억을 억압하고 스스로 그때의 경험과 감정을 잘 통제하고 있다고 믿음으로써 자기를 속인다.

사람이란 실재를 구성하는 것은 다름 아닌 생명 에너지다. 몸은 그 생명 에너지의 물질적 현전(現前)이고, 그 에너지의 움직임을 감지할 때 이것을 감정(emotion)이라 부른다. 이 감정은 어디에서 오는가? 감정은 외부에서 오지 않고 자기 안의 생명 에너지의 시스템에서 만들어진다. 감정이란 단순한 호르몬이나 신경전달물질의 작용이 빚는 결과가 아니라 "자신을 관통하는 에너지의 흐름"[5]이다. 게리 주커브와 린다 프란시스는 모든 감정을 제 영혼이 보내는 신호라고 말한다. "나의 감정은 나를 위한 메시지로 내 영혼이 보내는 신호이다. 내가 이 신호에 주의를 기울이지 않으면 중요한 메시지이니 절대 잊어서는 안 된다고 또 다른 신호를 보내온다. 자신의 감정을 불필요한 장애물로 여기거나, 이래도 좋고 저래도 좋은 우연한 경험으로 여긴다면 이는 과녁에서 한참 빗나간 것이다. 가장 중요한 요지는 자신의 모든 감정이 자신에 관한 중요한 정보를 제공한다는 점이다. 자기감정을 무시할 때 이 정보도 무시된다."[6] 우리는 제 감정에 충실하고, 그 감정이 전달하려는 생명 에너지의 신호에 주의를 기울일 신성한 의무가 있다. 감정을 제 영혼이 보내오는 무의식적 메시지라고 여긴다면 그것을 소홀히 흘려보내지 않을 것이다. 감정이 실어오는 영혼의 전언을 해독하려면 그 감정을 느꼈을 때 몸의 감각이 어땠는지를 알 필요가 있다. 『감정을 과학한다』를 쓴 저자들은 눈을 감고 그 감정이 강하게 자기를 사로잡을 때 몸은 어떤 느낌이었는지를 떠올려보라고 제안한다. 첫째, 나는 그 감정을 어디에서 느꼈는가? 가슴인가, 배인가, 골반인가, 목인가? 둘째, 그 감정을 경험하면서 어떤 생각을 했는가? 자신에게 화를 냈는가? 타인에게 화를 냈는가? 셋째, 그 감정을 경험하면서 무슨 말을 했는가? 날카로운 말로 상대방에게 상처를 주었는가? 저주의 말을 퍼부었는가? 넷째, 그 감정을 경험하면서 어떻게 행동했는가? 행복한 기분일 때 웃었는가? 춤을 추었는가?

---

5) 게리 주커브·린다 프란시스, 앞의 책.
6) 게리 주커브·린다 프란시스, 앞의 책.

구름 몸을 묻은 금강에서 보았습니다
강변으로 밀려나와 주저앉은 돌들
저마다 다른 인연의 무늬들
가슴속 마그마 활활 솟구쳐 올라
돌의 몸이 용암이 되도록 껴안고 흐르던
그대와 나의 잠
그 뒤편엔 태양과 달이 있습니다
단 한 번 뜨거움의 정표로
몸돌은 무늬돌을 무늬돌은 몸돌을 살려주는 문양석처럼
서로 깎고 깎이면서
우리도 무늬 하나 낳으며 가는 건 아닐는지요
수장되었을 때 더욱 선명하게 살아나는

— 조명, 「문양석(文樣石)」[7]

사람은 "저마다 다른 인연의 무늬들"을 새기고 있는 까닭에 누구의 삶도 똑같은 삶은 없다. 산다는 것은 "서로 깎고 깎이면서" 사는 것이며, "무늬 하나 낳으며 가는" 것이다. '무늬돌'이란 존재의 전면을 정태적으로 보여주는 용매(溶媒), 그리고 오늘의 생을 만든 과거의 집적물이자 개체의 삶이 걸어온 여정이 낱낱으로 새겨진 무늬들의 족보(族譜)다. 이 '무늬돌'은 용암의 들끓던 열기가 식고 불안정한 흐름은 굳어 안정화된 것이다. 심신의 기가 두루 안정되어 기쁜 것과 성내는 것, 후회함과 성냄이 일어나지 않은 조화 상태로 견고하다. 『동의보감』은

---

7) 조명 시집, 『여왕코끼리의 힘』, 민음사, 2008.

이렇게 말한다. "『영추』에서는 '지(志)와 의(意)는 정(精)과 신(神)을 다스리기 때문에 혼과 백을 거두어들이고, 추운 것과 따뜻한 것을 조절하며 기쁜 것과 성내는 것을 조화롭게 한다. 지와 의가 조화로우면 정과 신이 반듯하고 혼과 백이 흩어지지 않으며, 후회함과 성냄이 일어나지 않아서 오장이 사기(邪氣)를 받지 않는다'고 하였다."[8] 이 '무늬돌'을 만든 것은 내면의 욕망과 선택, 사랑과 고통, 집착과 강박, 충동과 중독 같은 것들이고, 그 밑에 흐르는 것은 감정이라는 생명 에너지다. 우리가 어떤 사람인가는 전적으로 그 생명 에너지를 어떻게 썼는가에 달려 있다. 제 감정의 흐름을 예민하게 감지하고 아는 사람은 자기를 변화시킬 수 있다. 부정적 흐름을 긍정적 흐름으로 변화시킬 수만 있다면 감정은 생명의 기적이고 우주의 선물이다. 영혼의 성장을 위해서 제 내면의 메시지를 겸허하게 경청해야 한다. 모든 감정은 우리가 의식하지 못한다 하더라도 심신의 생리에 영향을 미치고, 내면 변화의 시작점이기 때문이다. 모든 고통의 근본 원인은 자기에게서 나오기에 자기를 모른다면 이 고통의 근본 원인들에 대한 치유도 불가능하다. 고통의 근본 원인들을 치유하고, 삶과 화해하며, 영혼의 성장을 바란다면 다른 사람이나 자신을 둘러싼 상황이 아니라 자기 자신에게 집중해야 한다. 지각하고 생각하며 느끼는 방식들에 집중하라. 제 감정의 흐름을 주의 깊이 살펴라. 제 감정 저 너머에 있는 내면을 들여다보라.

움직이고, 흘러가고, 사라지고, 변해가는 게 인생이다. 사람은 이 인

---

8) 허준, 『동의보감』, 동의과학연구소 옮김, 휴머니스트, 2002.

생을 몸으로써 받아내고 겪는다. 이 몸의 주인은 신(神)이고, 이 신이 편안하면 오래 산다고 한다. 『동의보감』을 보자. "『내경』에서는 '가장 좋은 것은 신(神)을 기르는 것이고, 그다음은 형(形)을 기르는 것이다. 따라서 신을 기르는 사람은 형체의 살찌고 야윈 것과 영(榮)과 위(衛), 혈(血)과 기(氣)의 왕성하고 쇠약한 것을 알아야 한다. 혈과 기는 사람의 신이니 기르지 않으면 안 된다'고 하였다. 왕빙의 주에서는 '신이 편안하면 수명이 늘어나고, 신이 없으면 형이 무너진다. 따라서 삼가 신을 기르지 않으면 안 된다'고 하였다."[9] 신이 건강하지 못하면 형이 무너지는데, 얼굴색이 나빠지고, 뱃속의 기름이 빠지며, 목소리가 탁하고 기운이 쇠약하며, 털은 거칠어진다. 신이 건강하면 오장의 음과 양의 기운이 두루 조화롭고 평안하여 형이 건강하다. 얼굴색이 밝고 윤택하며 목소리가 맑게 울린다. 마음에서 비롯된 질병의 대부분은 '상징기능의 장애'를 안고 있는 경우가 흔하다. 상징(symbol)은 이성의 언어로는 정확하게 드러낼 수 없는 제 내면 깊은 데 웅크리고 있는 무의식의 속살을 비춰 보이는 창이다.[10] 상징기능을 잘 해독하는 것은 자신이 사회나 우주와 조화롭게 살고 있다는 느낌을 갖게 하고[11], 그렇지 못할 때 몸이 아플 수가 있다. 프랑스의 심리치료사 기 코르노(Guy

---

9) 허준, 앞의 책.
10) 잭 트레시더, 『상징 이야기』, 김병화 옮김, 도솔, 2008.
11) 인류 사회에서 상징은 아주 오래전부터 나타난다. 칼 융이 인류의 마음 깊이 뿌리박혀 있는 것, 즉 원형(原型, prototype)이라고 부른 것과 상징은 다르지 않다. 그것은 제의적 행위와 감정이나 정신 현상의 한 표현이었다. 잭 트레시더는 고대사회에서 조각과 그림, 부적, 의복, 장신구에 새겨진 상징이 악을 쫓거나 신의 비위를 맞추고 길들이기 위한 목적으로 만들어졌다고 말한다. 아울러 "힘차게 살아 움직이는 상징체계는 사람들이 스스로, 또는 자기가 속해 있는 공동체와, 더 나아가 우주와 조화롭게 살고 있다고 느끼게 한다. 그런 상징체계는 집단행동을 불러낼 수도 있다. 지금도 사람들은 깃발이나 휘장을 지키기 위해 목숨을 걸기도 한다"고 말한다. ─잭 트레시더, 앞의 책.

Corneau)는 그 점에 대해 이렇게 말한다. "정신신체의학자들은 심리적 원인에서 시작된 질병은 거의 항상 상징기능의 장애와 관련이 있다고 말한다. 상징기능의 장애란 자신의 인생을 다른 방식으로 상상하는 능력에 문제가 있다는 뜻이다. 이러한 상징기능의 장애는 현실을 변화시키거나 그로부터 달아나기 위해서 꿈을 이용하지 못한다는 뜻이기도 한다. 그렇기 때문에 현실의 노예가 되어버리는 것이다."[12] 자, 그렇다면 어떻게 현실의 노예에서 벗어날 수 있을까? 기 코르노는 다음과 같이 제안한다. 첫째, 자아와 현실과 내면의 불행을 피하지 말고 직시하라. 둘째, 자신에게 호의를 베풀어라. 셋째, 즐겁게 자신의 길을 가라. 넷째, 내면의 공간을 만들어라. 다섯째, 자신을 표현하라. 여섯째, 상상하라! 상상하라! 일곱째, 과거를 극복하고 현재에 몰두하라. 여덟째, 변화의 속도를 조절하며 앞으로 나아가라. 제 인생의 경험들을 자유롭게 풀어놓음으로써 과거에서 벗어날 수가 있다. 상상하라! 자유롭게 상상하라! 상상을 억압하는 것들과 맞서 싸우라! 상상은 현실의 결핍을 채우고, 궁극적으로 우리를 풍요롭고 자유롭게 한다. 억압된 기억은 여전히 무의식 안에서 우리를 조종한다. 이 무의식에서 울려나오는 내면의 소리들에 귀를 기울여라. 말할 수 없는 몸은 여러 가지 증상으로 우리에게 무의식을 전달하려고 한다. "육체적인 증상에 귀를 기울이는 것은 자아가 전달하는 무의식적인 목소리에 귀를 기울이는 것이다. 자아의 무의식적인 부분은 의식의 움직임에 참여할 권리를 얻지 못했으며, 따라서 억눌린 상태에서 질병으로 자신의 존재를 드러내는 것이다."[13] 질병은 몸과 무의식이 보내는 신호다. 우리가 아플 때

---

12) 기 코르노, 『마음의 치유』, 강주헌 옮김, 북폴리오, 2006.
13) 기 코르노, 앞의 책.

말할 수 없는 몸은 바로 그 아픔으로 불편한 상태에 놓인 제 존재를 드러낸다. 질병은 몸과 무의식이 보내는 신호이자 더 큰 위기로 다가가고 있다는 경고다.

3
질병은 몸이 지르는 무의식의 비명

내 안에서 생겨난 감정들은 호르몬이나 신경전달물질들이 작용한 결과물이 아니다. 감정은 내 안에 있는 관심과 욕구, 필요와 목표들을 알 수 있는 중요한 단서들이다. 시를 읽고 난 뒤 자연스럽게 내부에서 터져나오는 감정들은 에너지의 흐름과 정체성에 대한 모든 것을 무의식적으로 드러낸다. 왜 그런 감정을 느꼈는지, 그리고 그 감정들을 느끼면서 떠오른 기억들을 이야기하게 하라. 화가 날 경우도 있고, 슬퍼지는 경우도 있고, 원망에 사로잡힐 수도 있다. 이 감정과 느낌들은 밖에서 오는 것이 아니라 바로 내 안의 존재가 보내는 것, 즉 무의식이 보내는 메시지를 담는다. 무의식은 평소에는 볼 수 없다. 어떤 시편들, 어떤 시구들은 내 안의 무의식들을 끄집어내게 한다. 그 무의식을 따라가보라. 그 무의식은 어디에 존재하는가? 머리와 심장에만 있는 것이 아니다. 폐와 간·위·소장과 대장·신장·항문·다리·손과 발, 모든 몸의 세포들에 무의식은 잠재되어 있다. 통찰과 치유는 하나다. 몸의 소리를 경청하는 사람은 아픈 것에 대비하여 예방할 수도 있다. 질병은 몸이 내는 위급한 신호다. 대개의 질병은 쉽게 통제할 수 없고, 어떻게 진전될지 예측이 불가능하다. 몸과 삶이 그렇듯이. 몸의 소리가 곧 마음이 내는 소리인 까닭에 몸이 겪는 질병은 우리가 누구인가를 알려주는 메신저다. 몸을 통해 울려오는 그 내면의 소리를 잘 경청할 때 우리는 질병을 넘어서서 영혼을 성장으로 이끌 수 있다. "시정(市井)을 배회(徘徊)하며 의식(衣食)에 급급하다"(「대안(對岸)」)고 노래한, 인생의 후기에 접어들며 소슬한 경지에 이른 박목월의 시를 한 편 읽어보자.

> 어둑한 얼굴로
> 어른들은 일만 하고
> 시무룩한 얼굴로
> 어린것들은 자라지만
> 종일 햇볕 바른 양지쪽에
> 장독대만 환했다.
> 진정 즐거울 것도 없는
> 구질구질한 살림
> 진정 고무신짝을 끌며
> 지루한 하루하루를 어린것들은
> 보내지만
> 종일 장독대에는
> 햇볕만 환했다.
> 누구는 재미가 나서 사는 건가
> 누구는 낙을 바라고 사는 건가
> 살다보니 사는 거지
> 그렁저렁 사는 거지.

그런대로 해마다 장맛은
꿀보다 달다.
누가 알 건데,
그렁저렁 사는 대로 살맛도 쌉쌉하고
그렁저렁 사는 대로 아이들도 쓸모 있고
종일 햇볕 바른 장독대에
장맛은 꿀보다 달다.

—박목월, 「장(醬) 맛」[14]

특별할 것이 없는 자명한 일상의 한순간을 스냅사진처럼 포착한 이 시는 혼란스러울 때 읽으면 특히 위안이 된다. 어른들은 늘 쉼없이 일하고, 아이들은 일하는 어른들의 관심 밖에서 저희들끼리 논다. 어른들의 얼굴은 어둡고 아이들은 시무룩하다. "진정 즐거울 것도 없는/ 구질구질한 살림" 탓이다. 지리멸렬한 일상 속에서도 아이들은 넉넉하게 자라고, 종일 장독대에는 햇빛이 환하게 내리비치고, 독 안에서 장맛은 나날이 단맛이 배이며 깊어간다. 재미와 낙은 크지 않아도 이런 삶이 아주 보람 없다고 말할 수는 없다. 꿀보다 달게 익어가는 게 어디 장맛뿐이겠는가! "살다보니 사는 거지/그렁저렁 사는 거지" 하는 삶에도 어느덧 체념과 달관이 스며 깊은 맛을 내고 있지 않은가! 이 체념과 달관은 욕심을 비우고 현실에 순하게 길들여짐으로써 얻어진 것이다. 체념과 달관은 너무 뜨겁거나 너무 차갑지 않게 생리적 균형을 지키는 심리적인 온도조절장치다. 여기에 큰 고통은 어디에서도 찾

---

14) 박목월, 『박목월 시전집』, 이남호 엮음, 민음사, 2003.

아볼 수가 없다. 왜 그럴까? 불안과 번뇌가 누그러들었기 때문이다. 인생의 번뇌는 다섯 가지다. "첫째, 실체가 무엇인지 모름. 둘째, 실체가 아닌 것에 집착함. 셋째, 실체가 아닌 것을 두려워하고 그것에 대해 움츠림. 넷째, 상상의 자아로 자신을 정의함. 다섯째, 죽음을 두려워함"이다. [15] 번뇌는 고통의 뿌리고, 고착되면 질병이 생긴다. 체념과 달관이 불안과 번뇌가 만드는 불안정한 온도를 생존에 적합한 온도로 바꾼다.

> 올 여름에는 매미 소리만 들었다.
> 한 편의 시(詩)도 안 쓰고
> 종일 매미 소리만 듣는 것으로
> 마음이 흡족했다.
> 지천명(知天命)의
> 아침나절을
> 발을 씻고 대청(大廳)에 오르면
> 찬물을 자아올리는
> 매미 소리.
> 마음이 가난하면
> 시는
> 세상에 넘치고
> 어느 것 하나 허술한 것이 없는
> 저 빛나는 잎새

---

15) 디팩 초프라, 『완전한 삶』, 구승준 옮김, 한문화, 2008.

빛나는 돌덩이.
누워서 편안한 대청(大廳)에서
씻은 발에
흐르는 구름.
잠이나 자야지.
낮에도
반쯤 밤으로
귀를 잠그고.
이 무료한 안정(安定)은
너무나 충만하다.
나무는 굵어질수록 우둔(愚鈍)한 것을
잠이나 자자.
지심(地心)에 깊이 뿌리를 묻고
종일
오금(烏禽)의 날개를 부벼대는
매미 소리를 듣는 것으로
마음이 흡족했다.

─박목월,「하선(夏蟬)」[16]

「하선」은 무욕함으로 충만한 삶의 경지를 보여주는 시다. 시인은 발을 씻고 서늘한 대청에 누워 한가로운 매미 소리에 귀를 기울이다가 조용히 낮잠에 빠져들기도 한다. 여름내 시 한 편을 쓰지 못한 것에 대

---

16) 박목월, 앞의 책.

한 아쉬움도 접어버린다. 이루지 못한 것, 갖지 못한 것에 대한 기대를 버리고, 안달에서 벗어나니 홀연히 저를 둘러싼 세상은 저 스스로 충만으로 빛난다. 시인은 "종일 매미 소리만 듣는 것으로/마음이 흡족했다"고 쓴다. 오감은 맑게 깨어 있고, 마음은 아주 비워 가난하다. 여기에 깃드는 것은 비움의 충만함이고, 어떤 고통이나 불안, 혼란도 범접하지 못하는 무위(無爲)의 청정함이다. 오장의 기운이 고르고 육부의 소통은 순조롭다. 그 몸의 상태에서 욕심을 비움으로써 에너지 장은 맑은 기운으로 충만한 지복(至福)의 상태에 이른다. 지천명의 나이에 비로소 얻은 지혜다. 이것이 천인(天人)의 경지가 아닌가? "이고(李杲)의 「생언잠」에서 기는 신(神)의 할아버지[祖]이고, 정(精)은 기의 자식[子]이고, 기는 정과 신의 뿌리가 되니, 그 뜻은 참으로 크다. 기가 쌓여 정을 이루고 정이 쌓여 신이 온전하게 되며, 정과 신이 반드시 맑아지고 고요해지니, 도(道)로 이를 잘 다스린다면 누구나 천인(天人)이 될 수 있다."[17] 어느덧 물질계와 대면하고 있는 의식은 투명하게 교감하며 앎에 도달해 있다. 앎은 몸의 순수 자각에서 나온다. 『장자』에서는 "성인의 맑은 마음은 하늘과 땅의 거울[鑑]이고 만물의 거울[鏡]이다."(「천도」)라고 말한다. 앎은 모든 것을 보고 들음에서 나온다. 그 앎은 "지금 이 순간밖에 없다!"라고 말하게 한다. 이 순간에 참여하지 못하는 모든 고통과 불안의 요소들은 이 찰나의 고요와 느긋함과 행복을 깨뜨릴 수가 없다. 고통은 혼돈과 무지의 산물이다. "상황 너머에 있는 고통의 감정을 일으키는 내면의 동력을 알아차리지 못하면 그 감정이 만들어지는 상황이 계속해서 닥쳐온다."[18] 「하선」에서 시인은 헛

---

17) 허준, 앞의 책.
18) 게리 주커브·린다 프란시스, 앞의 책.

것이 아니라 실체의 세계와 완벽하게 하나된 삶을 이루고, 앎과 분별은 어느 곳 하나 불투명한 데가 없다. 발을 씻고 대청에 누운 나는 몸과 마음이 두루 편안하고, 찬물을 자아올리는 듯 숲에서 들려오는 매미 소리는 요란하다. 굵어서 우둔해진 나무는 우뚝 서 있고, 구름은 한가롭게 흘러가고, 서정적 주체에겐 욕심이 없으니 번뇌도 없다. 오로지 충만할 따름이다. 대청에 누워 종일 "오금(烏禽)의 날개를 부벼대는/매미 소리를 듣는 것으로" 여름 하루를 소일할 때 감각적 지각의 폭은 한껏 넓어지고 자아는 오로지 우주적 본질의 일부로 존재한다. 자아는 지나간 과거도 아니고 다가올 미래도 아니라 바로 지금 찰나의 우주적 리듬과 일체가 되어 흘러간다. 이때 우주는 바깥에 있지 않고 내 안에 있으며, 내가 곧 우주다. 「하선」을 읽은 뒤 몸과 마음이 두루 고요하고 평안해졌는가? 그렇다면 우리는 치유의 효과를 본 것이다. 본래의 나로 돌아가게 하는 것, 고요의 한가운데서 내 안의 신성성과 만나게 하는 것, 그것이 살아 있는 시와 좋은 시가 가진 힘, 즉 잠재적 시의 치료력(Healing Power of Poetry)이다. 시는 우리의 마음을 들여다보게 하고, 무의식에서 나오는 소리를 경청하게 하며, 온갖 어리석음에서 벗어나게 하고, 고통을 치유하는 힘을 보탠다. 그렇게 함으로써 우리를 더 좋은 삶으로 이끈다.

몸과 시

1
나 : 우주 속의 또 다른 우주

나는 곧 하나의 우주, 즉 그 자체로 완전한 에너지 시스템이다. 이 우주는 멈추고 고착되어 있는 것이 아니라 끊임없이 활동하고 성장한다. 성장의 자양분은 내 밖에 있는 다른 우주에서 온다. 이 자양분을 받아들이려면 항상 존재의 문이 열려 있어야 한다. 분노와 시기와 원한과 두려움과 슬픔 따위 부정적인 감정들은 마음을 닫게 만들고, 더이상 우주에서 자양분을 받아들일 수 없게 된다. 마음의 문이 닫히는 순간 성장은 그친다. 어떻게 마음의 문을 열 수 있을까? 먼저 자신의 내면을 들여다보고 감정의 회로를 읽어야 한다. 자기에게 질문을 던져보자. 외부의 방해가 없는 조용한 곳에서 눈을 감고 스스로에게 질문을 던져보고 대답을 해보자. 나는 왜 이 일을 하는가? 나는 왜 이것을 먹고 있는가? 나는 왜 이것을 갖고자 하는가? 나는 왜 그와 함께 있고 싶은가? 보통은 이런 물음들을 통해 자신의 감정과 욕망의 숨겨진 부분들이 드러난다. 내 안의 감정들은 내 영혼이 스스로에게 보내는 메시지들을 담고 있기 때문이다.

건강한 사람은 감정과 인격이 하나로 잘 통합되어 있다. 그들은 특별한 이유가 없을 때 대개는 낙관적인 기분과 긍정적인 감정 상태를 유지한다. 표정은 밝고 눈빛은 초롱초롱하다. 현재 순간에 몰입하고 자기가 하는 일을 통해 보람과 즐거움을 느낀다. 반면에 건강하지 못한 사람은 현재 순간에 몰입하지 못한다. 그들은 산만하고 감정은 분산되어 있고 표정은 어둡고 눈빛은 흐릿하다. 무슨 일을 해도 보람과 즐거움을 느끼지 못한다. 이유 없이 화가 나고, 집중이 안 되고, 마음이 혼란스럽고, 다른 사람들에 대해 비판적이 되고, 세상이 싫어지고, 어떤 사물이나 사람에 대해 고통스럽게 반응한다면 내부의 에너지 시스템에 문제가 생긴 것이다. 오늘날의 심신상관 의학(psychosomatics)은 하나같이 몸의 많은 질병들이 마음에서 비롯한다고 말한다. "마음과 면역체계, 잠재적으로는 다른 모든 기관을 연결하는 매우 정교하고도 풍부한 양방향 소통 체계가 있다. 이 통로를 통해 희망과 두려움 같은 감정이 몸의 자기방어 능력에 영향을 미친다."[1] 감정은 바로 그 에너지 시스템에서 나오는 것이기 때문에 그러하다. 자, 여기 시 한 편을 읽어보자.

---

1) Joan Borysenko, 『Minding the Body, Mending the Mind』. 여기서는 바바라 호버맨 레바인, 『병을 부르는 말 건강을 부르는 말』, 박윤정 옮김, 샨티, 2004, 재인용.

내 아침상 위에 빵이 한 덩이,
물 한 잔.

가난으로도
나를 가장 아름답게
만드신 주여.

겨울의 마른 잎새
한 끝을,
당신의 가지 위에 남겨두신
주여.

주여,
이 맑은 아침
내 마른 떡 위에 손을 얹으시는
고요한 햇살이시여.

—김현승, 「아침 식사(食事)」[2]

마른 빵과 물 한 잔이 전부인 조촐한 아침 식사를 시각화하고 있는 시다. 그 조촐한 식탁을 맑은 햇살이 물들이고 있다. 맑은 아침, 빛나는 햇살, 빵과 물 한 잔……. 이것이 우리에게 주는 것은 자족의 기쁨과 단순한 삶의 숭고함이다. 이 시를 읽고 감사하는 마음이 우러나오

---

[2] 김현승, 『김현승 전집』, 시인사, 1985.

고, 감정의 찌꺼기들이 사라지고 깨끗하게 표백되는 느낌이 생겼다면 당신의 생태적 자아는 건강한 상태에 있다고 믿어도 좋다. 반면에 이 아침 식사에 대해 적대감이나 냉소로 반응했다면 당신은 내면의 불행에 감염되어 있는지도 모른다. 어쩌면 당신은 두통이나 불면증, 궤양이나 만성피로 등을 앓고 있을지도 모르며, 아직 자각하지는 못했지만 더 심각한 질병에 걸려 있을지도 모른다. 당신이 의식하지 못하지만 몸은 먼저 인지하고 감정을 통해 그 메시지를 전달한다. "감정은 몸의 상태를 알려주는 계기판"[3]이다. 당신이 너무 많은 일들에 둘러싸여 있고, 너무 바쁘다면 빨리 그 모든 것을 손에서 놓고 휴식을 취하고, 자신의 내면을 돌봐야 한다.

2
몸의 소리가 곧 마음의 소리다

질병은 오염된 자연환경이나 문명의 병폐에 노출된 인류 환경에서 비롯되는 경우가 드물지 않다. 아픈 것은 마음이고, 더 아픈 것은 마음이 깃든 몸이고, 결국 병을 앓는 것은 당신이다. 당신이 아픈 것은 당신의 하늘과 당신의 땅이 아픈 것이다. 당신은 고립무원의 존재가 아니다. 당신은 당신 밖의 우주와 하나로 연결되어 있다. 그래서 당신이 아프면 우주도 아프다. 그것은 사람이 자신을 둘러싼 자연이나 인류 환경과 상호작용을 하며 살아가는 존재이고, 그것에서 일

---

[3] 게리 주커브·린다 프란시스, 『감정을 과학한다』, 윤규상 옮김, 이레, 2007.

몸과 시   171

정한 영향을 받기 때문에 불가피한 점이다. 최초의 질병은 내면에서 시작한다. 질병은 안에서 밖으로 밀고 나간다. 그 질병을 다스리는 치유는 몸의 치유이고, 균형을 잃은 감정의 치유이며, 결국은 손상을 입은 인격과 생명의 치유이다. 감정과 인격이 균형을 찾으면 몸은 스스로 건강을 되찾는다. 질병의 경로가 그랬듯이 치유는 안에서 밖으로, 영혼의 심층에서 감정의 표면으로, 마음에서 몸으로 진행된다.[4] 무엇을 먹어도 즐겁지 않고, 누구를 만나도 행복하지 않고, 자신이 무가치하게 느껴진다면 당신의 마음에 문제가 생긴 것이다. 조만간 몸의 증상들이 마음에 문제가 생겼다는 신호를 보낼 것이다. 그 신호를 무시한다면 장기적으로 당신은 회복할 수 없는 치명적인 질병을 앓게 될지도 모른다.

고독은 정직하다.
고독은 신(神)을 만들지 않고,
고독은 무한의 누룩으로
부풀지 않는다.

고독은 자유다.
고독은 군중 속에 갇히지 않고,
고독은 군중의 술을 마시지도 않는다.

고독은 마침내 목적(目的)이다.

---

4) 기 코로노, 『마음의 치유』, 강현주 옮김, 북폴리오, 2006.

고독하지 않은 사람에게도
고독은 목적(目的) 밖의 목적(目的)이다.
목적(目的) 위의 목적(目的)이다.

―김현승, 「고독한 이유」[5]

고독은 방황하는 영혼이 내리는 실존의 닻이다. 고독은 내면을 들여다볼 수 있게 하는 진정한 기회이자 동력이다. 시인은 "고독은 군중 속에 갇히지 않고,/고독은 군중의 술을 마시지도 않는다"고 말한다. 고독은 섣불리 신에게 귀의하지 않고, 군중이나 술에도 의탁하지 않고 제 스스로의 내면으로 돌아가서 현재의 순간을 살게 하는 힘이다. 자기가 아닌 외부의 그 무엇에 끊임없이 의존하는 사람은 현재의 순간을 살지 못한다. 외부 상황에 휘둘린다는 뜻이다. 그런 까닭에 영적으로 성장한 사람은 고독을 두려워하지 않는다. "고독은 자유"인데 왜 그걸 두려워하겠는가? 오로지 감정과 인격이 일치하지 않은 미성숙한 영혼들만이 고독을 두려워한다. 고독은 실존의 자각과 우주적 의사소통이라는 내적 경험을 위한 전제 조건이다. 시인은 고독을 회피하지 않고 오히려 적극적으로 추구한다. 고독은 "굳은 열매"며, "쌉쌀한 자양(滋養)"(「견고(堅固)한 고독」)이다. 고독은 영혼의 성장을 위해 꼭 필요한 자양분이란 점에서 "고독은 정직"하고, 실존의 본질이기 때문에 "고독은 마침내 목적(目的)이다".

---

[5] 김현승, 앞의 시집.

3
가야 할 먼 길 : 머리에서 심장에 이르는 길

단순히 생존하는 것이 아니라 자신이 누구이며, 어디에서 와서 어디로 가는가를 아는 것, 즉 영적인 깨달음이 중요하다. 영적인 깨달음에 이르는 길은 감정에 집착하는 것이 아니라 그 감정이 전하고자 하는 메시지에 귀를 기울이는 것, 곧 자기 내면을 성찰하는 것에서 시작한다. 쉽지 않은 일이다. 그 길은 우리 앞에 놓인 길 중에서 가장 험하고 먼 길인지도 모른다. "우리가 가야 할 가장 먼 길은 머리에서 심장에 이르는 길이다."[6] 진정한 나를 아는 것이 곧 나를 넘어서 가는 길이다.

> 샛길로 샛길로만 쫓겨가다가
> 한바탕 가시밭을 휘젓고 나서면
> 다리는 훌쳐 육회(肉膾) 쳐놓은 듯
> 핏방울이 내려져 바윗돌을 적시고……
>
> 아무도 없는 곳이기에 고이는 눈물이면
> 손아귀에 닿는 대로 떫고 씨거운 산(山)열매를 따먹으며
> 나는 함부로 줄달음친다.
>
> 산(山)새 우는 세월 속에 붉게 물든 산(山)열매는
> 먹고 가며 해 보면……

---
6) 게리 주커브·린다 프란시스, 앞의 책.

눈이 금시 밝아 오더라.

잊어버리자. 잊어버리자.
희부연 종이 등(燈)불 밑에 애비와, 에미와, 계집을,
그들의 슬픈 습관(習慣), 서러운 언어(言語)를,
찢긴 흰 옷과 같이 벗어던져 버리고
이제 사실 내 위장(胃腸)은 표(豹)범을 닮아야 한다.

거리 거리 쇠창살이 나를 한때 가두어도
나오면 다시 한결 날카로워지는 망자!
열 번 붉은 옷을 다시 입힌대도
나의 소망은 열적(熱赤)의 사막(砂漠) 저편에 불타오르는 바다!

가리라 가리로다. 꽃다운 이 연륜(年輪)을 천심(天心) 위에 던져,
옮기는 발길마다 독사(毒蛇)의 눈깔이 별처럼 총총히 묻혀 있다는
모래언덕 넘어
모래언덕 넘어

그 어디 한 포기 크낙한 꽃 그늘
부질없이 푸르른 바람결에 씻기우는 한낱 해골(骸骨)로 놓일지라도
나의 염원(念願)은 언제나 끝가는 열락(悅樂)이어야 한다.
　　　　　　　　　　　　　　—서정주, 「역려(逆旅)」[7]

---

7) 서정주 시선, 『서정주—한국현대시문학대계 16』, 지식산업사, 1981.

산다는 것은 "샛길로 샛길로만 쫓겨가다가/한바탕 가시밭을 휘젓고 나서"는 길이다. 그도 아니면 "옮기는 발길마다 독사(毒蛇)의 눈깔이 별처럼 총총히 묻혀 있다는/모래언덕 넘어"가는 길이다. 어쩌면 그렇게 시련 속에 살다가 홀로 죽음을 맞는 게 삶인지도 모른다. "손아귀에 닿는 대로 떫고 씨거운 산(山)열매를 따먹으며/나는 함부로 줄달음친다"라는 구절은 삶에 내장된 시련의 가혹함을 암시한다. 시인은 우리가 "부질없이 푸르른 바람결에 씻기우는 한낱 해골(骸骨)로 놓일지라도" 자아와 내면의 불행을 직시하고 살아야 한다고 독려한다. 그 시련을 뚫고 거슬러 오르는 길이 열락(悅樂)이어야 한다고 말한다.

외롭지 않은 이 누구랴
뼈에 붙은 살마저 다 발라지고
저 간잔지런한 바람 앞에 살이 나뭇잎이라면
지상에서 배불렀던 살들이 나뭇잎이라면
그래서 돌아간다면
당신이 저 질탕에서 낮은 포복으로 올라온 능선은
나이테로 퍼져나간 뼈들의 축제이리라
잠자는 눈이여
잠이 퍼뜩 깨는, 그 눈 들판
다시 잠이 드는 눈이여
지상의 물고기들이 당신 눈빛 여울을
비늘빛으로 받아치며 하늘로 올라간다

이제 당신과의 날들은 솟대 위에 앉은 새처럼

> 북방의 구름길 너머 굽어보며 파도치는 밤바다로,
> 그 깊이만큼 살 밀리는 땅의 애무처럼
> 나뭇잎으로 사랑을 나누는 평화로움
> 오목한 웃음으로 건너는 세상
> 천년은 골짜기 깊은 산바람
> 피가 더 빨리 돌고, 돌고, 돌아
> 동심원으로 견뎌낸 나무들의 능선처럼
> 꽃살무늬 창문에 앉은 나비 같은 쉼
> 뼛속에 남는 그림들이여
> ―이종수, 「자작나무 눈처럼」[8]

활엽의 나무들은 겨울이 오면 모든 잎들을 버리고 뼈만으로 선다. 왜? 살아남기 위해서. 한 그루 자작나무는 눈 쌓인 들판에서 실존의 시련에 직면한다. 벌거벗은 채 대지 위에 우뚝 서는 것은 "뼈에 붙은 살마저 다 발라지고" 시련을 견뎌낸다는 뜻이다. 고통과 시련 그 자체가 삶의 목적은 아니지만 그것은 미처 알지 못했던 실존의 어떤 부분들을 보게 하는 특별한 경험이다. 나무들이 고통과 시련을 고스란히 받아들이고 그것을 견뎌낼 때 그것을 나무들의 내면 치유의 한 과정이라고 말할 수 있지 않을까? 진정한 내면 치유는 나를 넘어서서 알지 못했던 심오하고 영적인 자기를 찾아내는 것, 그 시련의 과정 속에서 인격과 영혼을 고양하고 변화시키는 것이다. 눈과 바람이라는 시련의 중심에 서 있는 "자작나무"는 꺾이지 않고 꿋꿋하게 견뎌낸다. 잎을 버린 자

---

[8] 이종수, 『시를 써야 시가 되느니라』, 방민호·박현수·허혜정 편, 예옥, 2007.

자작나무의 가지들은 "솟대 위에 앉은 새"의 이미지를 얻는데, 새들은 "북방의 구름길 너머 굽어보며 파도치는 밤바다" 위를 의연하게 날아오른다. 자작나무가 제 앞의 시련을 견뎌내며 내면에 나이테를 하나씩 새겨나갈 때 나이테는 살아남음의 자랑스런 표징이다. 그 나이테는 "동심원으로 견뎌낸 나무들의 능선"이며, "꽃살무늬 창문에 앉은 나비 같은 쉼"이다. 시련들에서 주춤거리며 물러서거나 도망가지 마라. 그것을 영혼의 도약을 위한 기회로 꽉 붙잡아라.

4
생명의 소리, 무의식의 소리

서정주는 "굽음의 실천윤리학"을 인생 역정으로 보여준 시인이다. 한 눈 밝은 비평가는 이 "굽음의 이존책(以存策)은 절대 권력의 세계에서 눌리운 자들이 살아남을 수 있기 위하여 가져야 했던 현실주의"(김우창)의 불가피한 선택이라고 말한다. 그 굽음의 실천윤리학은 "곧장 가자 하면 갈 수 없는 벼랑길도/굽어서 돌아가기면 갈 수 있는 이치를/겨울 굽은 난초잎에서 새삼스레 배우는 날/무력(無力)이여 무력(無力)이여 안으로 굽기만 하는/내 왼갖 무력(無力)이여/하기는 이 이무기 힘도 대견키사 하여라"(「곡(曲)」)와 같은 시에 여지없이 드러난다. 외부 상황이 내 잠재력보다 클 때 사람은 무력함에 빠진다. 그때 화를 내는 것은 무력이 불러오는 고통을 회피하는 가장 손쉬운 수단이다. "분노, 움츠러들기, 들끓는 원한, 비난하고 단죄하기, 복수의 갈증, 이 모든 것들이 차마 가까이 가기 두려운 자신의 강렬한 고통을 덮어 가린다."⁹⁾ 시인은 화를 분출하는 대신 돌아가는 길, 즉 무력감을 견디며 엎드려 때를 기다리는 "이무기"의 길을 선택한다. 이무기는 하늘에 오르지 못한 채 늪 속에 숨어 때를 기다린다. 이무기는 "산덩어리 같아야 할 분노(忿怒)"도 식히고, "초목(草木)도 울려야 할 서름"(「학」)도 고요하게 가라앉힌 채 때를 기다린다. 그 길은 곧장 질러가는 길이 아니라 굽어서 돌아가는 길이다. 난초의 굽어 뻗은 잎의 이미지에서 길어낸, 곧장 갈 수 없는 벼랑길도 굽어서 돌아가면 갈 수 있다는 깨달음은 많은 시련 끝에 얻어진 달관과 체념, 그리고 세월의 엄혹함에 타협한 곡필(曲筆)을 낳은 노회한 처세론을 동시적으로 체현한다.

괜, 찬, 타, ……
괜, 찬, 타, ……
괜, 찬, 타, ……
수부룩이 내려오는 눈발 속에서는
까투리 메추래기 새끼들도 깃들이어 오는 소리. ……
괜찮타, …… 괜찮타, …… 괜찮타, ……
폭으은히 내려오는 눈발 속에서는
낯이 붉은 처녀(處女)아이들도 깃들이어 오는 소리. ……

울고
웃고

---

9) 게리 주커브·린다 프란시스, 앞의 책.

수구리고

새파라니 얼어서

운명(運命)들이 모두 다 안기어 드는 소리. ……

큰놈에겐 큰 눈물 자죽, 작은놈에겐 작은 웃음 흔적,
큰 이야기 작은 이야기들이 오부룩이 도란그리며 안기어 오는 소리. ……

괜찬타, ……

괜찬타, ……

괜찬타, ……

괜찬타, ……

끊임없이 내리는 눈발 속에서는
산(山)도 산(山)도 청산(靑山)도 안기어 드는 소리. ……
　　　　　　　　—서정주, 「내리는 눈발 속에서는」[10]

　감정과 생각은 몸의 전기생리(electrophysiology)에 지속적으로 영향을 미친다. 낙관과 희망은 몸 안에 치유의 친화적인 환경을 만든다. 삶을 향한 의지, 기쁨이나 희망과 같은 마음의 긍정적인 요소들은 신경계와 면역계와 호르몬계에 좋은 효과를 낳고, 질병에 대한 자연적인 면역 기능을 드높인다. 질병에서 회복한 환자들은 가치 의식과 태도

---

10) 서정주 시선, 앞의 시집.

에서 전보다 더 긍정적으로 변화를 보여준 사람들이다. 똑같은 수술을 했어도 잘 먹고 잘 웃고 타자와의 관계에서 능동적인 사람들이 더 빠르게 회복한다. 몸과 마음과 영혼은 따로 분리되어 있는 게 아니라 정교하게 연결되어 있다. 그러므로 몸에 탈이 났을 때 몸과 마음과 영혼을 "통합적인 시각"으로 보고 그 증상들을 은유로 받아들이고 원인들을 상징으로 바꿔 이해하라. 몸, 감정, 생각에 집중하고 바라보라. 자신의 마음과 삶의 태도를 긍정적으로 바꾸라. 긍정적인 에너지로 가득 찬 시를 읽는 것은 치유의 효과를 더 크게 만든다. 이 시가 시인의 머릿속에서 나온 것이라고 생각하지 않는다. 시인의 몸과 무의식에서 터져나온 소리를 담고 있다. 시인은 내리는 눈발 속에서 "괜, 찬, 타, ……/괜, 찬, 타, ……/괜, 찬, 타, ……"라는 목소리를 듣는다. 상처와 분노를 직시하고 생명 에너지 장으로 끌어안는 이 절대 긍정을 담은 목소리는 실은 자기 안에 있는 초자아의 소리다. 이것은 일제강점기와 전쟁이라는 극한상황을 겪으면서 살아남기 위해 현실 너머 피안으로 돌아가려는 내면 욕망의 소리다.

이 거듭 되뇌는 "괜찬타" 안에는 "까투리 메추래기 새끼들도 깃들이어 오는 소리. ……", "낯이 붉은 처녀(處女)아이들도 깃들이어 오는 소리. ……", "운명(運命)들이 모두 다 안기어 드는 소리. ……", "큰 이야기 작은 이야기들이 오부룩이 도란그리며 안기어 오는 소리. ……", "산(山)도 산(山)도 청산(靑山)도 안기어 드는 소리. ……"가 다 들어 있다. "괜찬타"는 생명 안으로 깃들고 안기어 드는 것들을 내치지 않고 받아들이겠다는 마음의 다짐이다. "괜찬타"라는 말은 내 안의 부정적인 요소들을 녹여낸다. "괜찬타"라는 말을 반복적으로 되뇌면 내 안의 부정적인 요소들은 어느새 긍정적인 에너지로 전환한다. 장석남의 "꽃 지고 잎 돋듯 웃어라/뺨은 웃어라/조약돌 비 맞듯 웃어라/유리창에 별 돋듯 웃어라"(「문 열고 나가는 꽃 보아라」)에서 "웃어라"는 서정주의 "괜찮타"와 의미론적으로 상호조응하는 후학의 오마주다. 웃어라, 크게 웃어라! 당신 안에 있는 감정의 수인(囚人)을 크게 웃게 하라. 당신의 삶을 만드는 것은 바로 그 감정과 당신의 머릿속에 가득 찬 생각들이다. 그게 바뀌면 당연히 당신의 삶도 바뀐다.

제3부

직관과 화엄(華嚴) —고은의 시들

1
'고은'은 시의 보통명사

고은(1933~)은 전위·탐미·민중·실험·서정을 한몸에 아우르는 전대미문의 시인이다. 그 유일성은 김영사판 『고은 전집』에 쓴 '전생연보'에서도 드러난다. 아직까지 '전생연보'를 적은 시인은 고은이 유일하다. 방랑시인, 암말, 목동, 나무꾼, 화전민, 무사승(舞師僧), 주모, 머슴으로 유전(流轉)하다가 한반도에서 고은태(高銀泰)로 태어난다. 본명에서 끝 자를 떼어내고 고은으로, 암사내에서 승려 일초로, 승려에서 허무와 퇴폐 시인으로, 파계승에서 민주 투사로 변신한다.

시인은 자기 갱신에의 열정으로 역사의 파란과 파행을 온몸으로 거스르며 1970년대와 1980년대를 건너온다.

스무 살 즈음 청진동 민음사로 시인을 찾아갔다. 『문의마을에 가서』를 막 펴낸 시인과 몇 마디 말을 주고받았다. 황홀했다. 1980년대 후반에는 함께 밥 먹고 술 마셨다. 그때 시인의 전집을 내기로 약속했다. 시인은 안성과 서울 간 직행버스 안에서 시의 초고를 깨알같이 적어와 서울 역삼동의 출판사 내 책상에서 원고지에 정서했는데, 그걸 근접 거리에서 지켜보는 행운을 오롯하게 누렸다. 그 뒤로 스무 해도 넘는 세월 이전부터 안성에 정착한 시인과 지근거리의 삶을 꾸리고 있다. 시인은 가끔 "석주, 국수나 한 그릇 먹세"하고 부른다. 옆에서 지켜본 시인의 시와 삶은 놀라움 그 자체다. 우선 문학 생산이라는 면에서 시인을 앞설 자가 없다. 숱한 기행과 파격은 문단에 평지돌출하는 화젯거리였다. 조계사 청년 승려로 지낼 즈음 비 맞으며 앞마당에서 벌거벗고 춤출 때, 누구네 집에서 까닭 없이 대성통곡하며 날밤을 새울 때, 서정주의 집에서 몇 시간째 박장대소하다가 골난 미당에게 출입 금지 처분을 받고 쫓겨날 때 시인의 착란 속에서 천진난만은 드러난다. 시인의 내면엔 천진난만과 광기와 황홀경과 로고스가 함께 소용돌이치는데, 시는 이 소용돌이의 분출이다.

허무와 퇴폐의 대표자를 자부하던 시절부터 고은 문학은 활화산이다. 고은은 끝없이 쓴다. 양적 팽창의 끝 간 데서 홀연히 질적 전환이 열린다. 시인은 개체의 삶에서 만인의 삶을 보고 만인의 삶에서 개체의 삶을 읽어내는데, 그게 『만인보(萬人譜)』가 아닌가! 시인은 "나는 우리

겨레의 교과서를 지향한다"고 호언한다. 그 말의 실질에 에누리가 없는 내용의 삶을 산다. 몇 잔의 술에 눈빛은 생기로 번쩍이고 목소리는 고압의 에너지로 충전되며 영감이 번뜩이는 말들이 쏟아진다. "나는 깨닫기 위해 온 게 아니라 취하기 위해 왔다"는 걸 번개 뒤의 우레로써 실증한다. 시인에게 취중은 선적 직관의 시간이다. 취중방담의 어휘들은 금쪽같은 수사(修辭)의 날개를 달고 떠다닌다. 과음의 언어들조차 한국어의 섬세하고 순결한 영혼의 어록이다.

시인은 조기 축구회와 개량 한복을 좋아하지 않는데, 이는 취향이 아니라 본질의 문제다. 삶과 죽음을 하나로 꿰뚫는 이의 눈에 그것은 기껏해야 개체의 건강과 외관을 꾸미는 비본질에 지나지 않는 것이다. 근현대사에 내장된 비극과 수난과 불행이 본질이다. 시인의 생각과 행동과 삶은 통째로 그 본질을 향해 단도직입한다. 시인은 굳은 것, 낡은 것을 혁파하는 푸릇한 힘으로 늘 역동적이다. 그 역동성이 한국문학의 내연을 깊게 하고 외연을 한껏 키워놓는다. 1990년대부터 세계 문학인들의 주목을 부쩍 받은 뒤 영어·일어·독일어·중국어·프랑스어·스페인어·스웨덴어 번역 시집들이 연이어 나왔다. 변방의 문학으로 곤고하던 한국문학을 세계문학의 중심으로 견인해가는 영원한 청년 시인 고은은 우리 문학에게 홀연히 주어진 축복이자 영광이다.

고은의 허무는 인간에 대한 신뢰와 미래에 대한 전망 등 삶을 지탱해주는 모든 정신적 기초와 지반이 파괴된 6·25 경험, 이미 그의 몸에 그리고 삶에 육화된 불교의 직관, 후천적 독서에 의해 습득된 것이다. "나는 창조보다 소멸에 기여한다"는 직관이 번득이는 외침도, 물적 세계의 절멸이나 부재를 희구하는 것이 아니라, 일종의 역설 어법으로, 끊임없는 창조의 모태인 물적 세계의 기반을 놓치고 싶지 않다는 희망의 피력에 다름 아니다.

일초라는 법명을 갖고 있던 고은은 1962년에 돌연 환속 선언을 하고 승복을 벗는다. 중으로 이 땅의 산중과 들녘을 떠돌고, 비구승단의 대변인이 되어 《불교신문》을 창간하기도 했던 승려 일초가 고은이라는 세속의 존재로 돌아온 것이다. 환속 뒤 그는 앞을 가로막고 나선 현실의 벽에 부딪쳐 도피처로서 제주도를 찾는다. 애초 제주도행은 배 위에서 바다에 몸을 던지는 자살 여행으로 계획됐던 것이다. 그 자살 계획은 실패로 끝난다. 나중에 고은은 "제주해협의 추자도와 무인도 관탈봉을 지난 바다 위에서 이 세상에서의 마지막 술에 너무 취해서 물속으로 함께 들어갈 돌멩이를 맨 밧줄은 내가 술이 깨면서 배가 제주 산지항에 도착할 무렵까지 그냥 내 가방에 들어 있었다"고 술회한다. 고은은 선착장 근처 창녀들의 숙소 옆에 하숙을 정하고 달랑 말라르메 시집 한 권을 갖고 제주도 생활을 시작한다. 제주도에서 학비를 전액 면제하는 고등공민학교를 세우고 교장을 지냈다. 고등공민학교에서는 국어와 미술을 가르치고, 오후에는 술꾼이었다. 만취한 새벽 사라봉 공동묘지에서 술에 취해 자다가 커다란 제주도 지네에게 물리기도 했다. 제주도는 "환상에 현실을 낳게 한 곳", "방랑에 대한 마지막 지양을 일어나게 한 곳"이다. 그의 제주도 시대는 1963년부터 1967년 5월까지 이어지며 두 권의 시집, 『해변의 운문집』과 『신·언어 최후의 마을』로 맺는다.

고은이 제주도에서 서울로 올라온 것은 1967년이다. 제주도를 떠날 때 거의 보름 동안이나 떠나는 그를 위한 송별회가 지속되었다는 것은 요즘의 관례로 보자면 보기 드문 우정의 황홀경이다. 그는 의사 윤호영의 호의에 의해 서울 홍릉에 하숙을 마련하고 안착한다. 고은의 청진동 시대의 개막이다. 이 무렵 청진동 일대에 있던 두 출판사, 즉 신구문화사와 민음사가 그의 단골 출입처다. 일이 있든 없든 그는 날마다 이곳을 들른다. 신구문화사에는 시인 신동문이 있고, 민음사에는 서울대 불문과 출신의 출판인 박맹호가 있었다. 고은은 날마다 술에 취한다. "우리가 여기 떠돌지 않을 때/누가 9층(九層) 10층(十層) 밑에서 우리 진실로 하여금 떠돌겠느냐."(「청진동(淸進洞)에서」) 취한 채 잠들었다가 새벽 청진동 술집 술청 바닥에서 깨어나는 일도 비일비재했다. 폭음과 폭음 중의 기행, 광태로 얼룩진 삼십 대 고은에게 시가 활화산으로 터져나왔다. 고은은 끝도 없이 시를 쓰고 많은 잡지의 산문 연재를 감당했다. 그렇게 고은은 자신의 몸뚱이를 현재진행형으로 물결치는 시의 강물 속으로 밀어넣었다.

말라르메에 열광하던 고은은 전태일의 분신자살을 1단 기사로 전하는 신문 쪼가리를 보고 전율한다. 그것은 문학의 본질에 대한 돈오(頓悟)의 충격, 몸을 꿰뚫고 지난 놀라운 깨달음이다. 1970년대 초 "이 노동자는 죽었는데, 나는 왜 안 죽었는가?" 고은은 스스로에게 그런 물음을 던지면서 파란의 시대와 정면으로 대면한다. 그 깨달음으로 고은은 효봉의 고색창연한 불교, 서정주의 탐미주의와 서정의 관능에서 벗어난다. 새로운 운명의 열림이다. 칩거, 절필, 가택연금 등이 이어진다. 한 해에 소주 1천 병을 비워내는 것으로 독재 권력이 뿜어내는 귀기(鬼氣)를 온몸으로 감당하며, 파지 한 장 내지 않고 수많은 산문들을 써낸다. 고은은 1976년에 전태일 추도회에 참가해서 시를 읊기도 한다. 고은은 『입산』(1977)에서 『새벽길』(1978)을 거쳐 『조국의 별』(1984)에 이르기까지, 왕조 중심의 정치 문화가 붕괴된 뒤 바깥에서 밀고 들어와 옮겨 심어놓은 민주주의의 파행과 왜곡으로 점철된 그 질곡의 현실을 뚫고 뜨거운 실천의 길을 걸으며 민중 정서의 시적 표출에 온몸을 던진 삶의 전형을 보여준다. 1970년대 이후 한국문학은 넓게 볼 때 문학 양식이 사회 및 정치와 맺고 있는 관련성에 대한 치열한 인식과 실천의 확대라는 새로운 영역과 마주한다. 고은은 이 시대 의식의 전환을 가장 극적으로 이룬 시인으로 꼽힌다. 그는 탐미주의 쪽으로 흐르던 자신의 초기 문학을 전면 부정하고, 민족의 현실에 대한 냉엄한 각성에서 비롯된 정치 지향적 시 세계로 돌연 방향을 튼다. 그의 변신은 놀라운 것이었으며, 어느덧 그는 민중 시인으로 거듭난다.

2
「문의마을에 가서」 읽기

고은은 전라북도 군산 출신이다. 본명은 고은태(高銀泰)다. 군산중학교 4학년 무렵부터 가출과 방랑을 상습화하다가 마침내 1952년에 20세의 나이에 입산하여 승려가 되었다. 승려 시절의 법명은 일초(一超)다. 효봉선사의 상좌로 있으면서 10년간 참선과 방랑으로 세월을 보낸다. 조지훈과 서정주 등의 천거로 1958년 『현대시』에 「폐결핵」 등을 발표하며 문단에 나온다. 1960년에 첫 시집 『피안감성(彼岸

感性)』을 내놓고, 1962년에 환속하고 제주도 등지를 떠돈다. 폭음과 거침없는 기행을 일삼으며 낭만적 시인의 길을 걷다가 1970년대 전태일의 분신자살에 자극받아 독재 시대에 맞서는 재야 투사로서의 험난한 길을 걷는다. 1974년에 시집 『문의마을에 가서』를 내놓으며 한국의 대표적 서정시인으로 자리매김하였다. 그 뒤로 자유실천문인협의회, 민주회복국민회의, 민족문학작가회의 등에 뛰어들어 민주화운동의 전위에 우뚝 선다. 『고은 시 전집』 1, 2권을 민음사에서 엮어낸 뒤 국가내란죄의 죄목으로 무기징역을 선고받고 육군교도소의 독방에서 착상한 『만인보(萬人譜)』를 1986년부터 『세계의 문학』에 연재를 시작해서 2010년에 끝냈다. 『피안감성』에서 『해변의 운문집』, 『신·언어 최후의 마을』에 이르기까지 허무와 무상을 탐미적 언어로 형상화하던 초기 시의 경향은 『문의마을에 가서』를 기점으로 청산하고 이 뒤로 치열한 참여 의식과 역사의식으로 시 세계를 바꾸어간다.

겨울 문의(文義)에 가서 보았다.
거기까지 닿은 길이
몇 갈래의 길과
가까스로 만나는 것을.
죽음은 죽음만큼 길이 적막하기를 바란다.
마른 소리로 한번씩 귀를 닫고
길들은 저마다 추운 쪽으로 벋는구나.
그러나 삶은 길에서 돌아가 잠든 마을에 재를 날리고
문득 팔짱 끼어서
먼 산이 너무 가깝구나.

눈이여 죽음을 덮고 또 무엇을 덮겠느냐.

겨울 문의에 가서 보았다.
죽음이 삶을 껴안은 채
한 죽음을 받는 것을.
끝까지 사절하다가 죽음은 인기척을 듣고
저만큼 가서 뒤를 돌아다본다.
모든 것은 낮아서
이 세상에 눈이 내리고
아무리 돌을 던져도 죽음에 맞지 않는다.
겨울 문의여 눈이 죽음을 덮고 또 무엇을 덮겠느냐.

─고은, 「문의마을에 가서」[1]

『문의마을에 가서』에 실린 시들은 수많은 장소들을 머금고 있다. 표제로 다뤄진 것만 열거하더라도 종로·섬진강·삼각산·남산·청진동·연희동·청수장·죽사·제4한강교·광화문·일선사·동작동 묘지·용인 절터·정릉·수유리·창경원·영월·공덕동·서울·두만강·추풍령·남원 등이 있다. 왜 장소들인가? 장소들은 환경 경험의 일차적인 조건이다. 장소를 내면으로 수렴하여 체화해내려는 노력과, 장소와 의식의 상호작용을 향하여 열린 마음의 예민함을 보여준다. 아울러 세상에 넓게 퍼진 피상적이고 진부한 장소 정체감에 대한 거부를 드러낸다. 더 근원적으로는 이 세상이 스쳐 지나는 곳일 뿐 참된 장소가 아니라는 부

---

[1] 고은 시집 『문의마을에 가서』, 민음사, 1974.

정 의식이 깔려 있다. 고은의 장소들은 장소감이 희박한 장소들이다. 백석이나 서정주의 시들이 보여주는 깊은 장소감에 비교하면 이는 뚜렷하다. 깊은 장소감은 장소에 대한 애착과 그것을 자신의 내면으로 육화된 자들에게서만 찾아볼 수 있다.『문의마을에 가서』는 장소에 귀속하지 못한 방외인의 상상세계로 이루어져 있다. 이렇듯 고은의 장소들은 한곳에 뿌리박고 사는 자의 장소가 아니라 뜨내기로서 떠도는 자의 장소다. "오늘 돌아다니면/내일 돌아다닐 곳 없어서/뜻밖의 구름 일고"(「다만 어떤 마을이」), "아무리 찾아보아도 살아온 것은 없고/남아 있는 것은 여기서 몸으로 남아 있는가./깊은 밤이 돌아다보면 더욱 깊어서/물소리는 저 혼자 흐르는 물을 따라 가는가"(「청수장(淸水莊)에서」), "우리가 떠돌지 않을 때/누가 9층(九層) 10층(十層) 밑에서 우리로서 떠돌겠는가"(「청진동(淸進洞)에서」) 등등『문의마을에 가서』는 흐르다, 떠돌다와 같은 동사의 빈번한 활용으로 떠돎의 흔적들이 매우 뚜렷하다. 이 시기 고은은 방랑의 상습화를 바탕으로 삼은 시들이 많은데, 이 방랑에는 매임 없이 사는 자유가 주는 싱그러움과 함께 정주에서 내쳐진 자의 어쩔 수 없는 고달픔이 어려 있다.

「문의마을에 가서」는 시적 화자가 "문의마을"을 방문한 뒤 "보았던" 것들에 대한 보고를 그 중심으로 삼는다. 그 보고는 "문의마을"에 뿌리박고 사는 자의 시각이 아니라 잠시 들렀다가 스쳐지나간 자의 시각에 의지한다. 그런 까닭에 이 시에 나타난 경관에 대한 묘사나 장소 정체성은 엷게 나타나는데, 이는 장소에 대한 접근이 추상적이며 자의적인 까닭에 있다. 이를테면 "거기까지 닿은 길이/몇 갈래의 길과/가까스로 만나는 것을", "죽음은 죽음만큼 길이 적막하기를 바란다",

"마른 소리로 한번씩 귀를 닫고/길들은 저마다 추운 쪽으로 벋는구나"와 같은 길에 대한 상념은 생로병사(生老病死)가 일어나는 어느 곳에서 할 수 있는 것이다. 죽음의 상념을 이끌어내는 길은 중원 내륙에 있는 "문의마을"의 길이 아니라 마을과 마을을 잇는 적막함에 감싸인 이 세상 모든 보편의 길이다. 길이 "문의마을"이란 특정 장소에 귀속되지 않음으로써 이 시의 중심이 "문의마을"이 아니라 죽음과 그것에 잇닿은 여러 상념들을 향하여 있음을 암시한다. 덧붙여 "죽음이 삶을 껴안은 채/한 죽음을 받는 것을"과 같은 시구가 보여주는 죽음에 대한 선험은 "문의마을"의 장소 정체성에 연계되는 것이 아니라 우연성에 안착한다. 죽음에 대한 시인의 경험과 인식은 기실 특정 장소와 무관하게 이루어진 것인데, 그 익명적 장소의 경험과 인식을 "문의마을"로 호출하고 우연에 기대어 개별화한다. 그 개별화로 인해 "문의마을"은 매우 사적이고 고유한 곳이라는 느낌을 불러일으킨다. 그리하여 "문의마을"은 하나의 지리적 위치에서 삶과 죽음의 의미 맥락에서 심오하고 의미 있는 장소로 태어난다.

3
「폐결핵」읽기

1
누님이 와서 이마 맡에 앉고
외로운 파스 하이드랏지드 병(瓶) 속에
들어 있는 정서(情緖)를 보고 있다.

뜨락의 목련이 쪼개어지고 있다.
한 번의 긴 숨이 창 너머 하늘로 삭아가버린다.
오늘, 슬픈 하루의 오후에도
늑골에서 두근거리는 신(神)이
어딘가의 머나먼 곳으로 간다.
지금은 거울에 담겨진 기도와
소름조차 말라버린 얼굴
모든 것은 이렇게 두려웁고나
기침은 누님의 간음,
한 겨를의 실크빛 연애에도
나의 시달리는 홑이불의 일요일을
누님이 그렇게 보고 있다.
언제나 오는 것은 없고 떠나는 것뿐
누님이 치마 끝을 매만지며
화장(化粧) 얼굴의 땀을 닦아내린다.

2
형수는 형의 얘기를 해준다.
형수의 묵은 젖을 빨으며
고향의 병풍 아래로 유혹된다.
그분보다도 이미 아는 형의 반생애,
나는 차라리 모르는 척하고 눈을 감는다.
항상 기(旗) 아래 있는 영웅이 떠오르며
그 영웅을 잠재우는 미인이 떠오르며

형수에게 넓은 농지(農地)에 대하여 물어보려 한다.
내가 창조한 것은 누가 이을까.
쓸쓸하게 고개에 녹아가는
눈허리의 명암(明暗)을 씻고 그분은 나를 본다.
작은 카나리아 핏방울을 혀에 구을리며
자고 싶도록 밤이 간다.
내가 자는 것만이 사는 것이다.
그리고 형의 사후(死後)를 잊어야 한다.
얼마나 많은 끝이 또 하나 지나가는가.
형수는 밤의 부엌 램프를
내 기침 소리에 맡기고 간다.

— 고은, 「폐결핵」[2]

「폐결핵」은 시인이 서울 선학원(禪學院)에서 기식을 할 무렵 한국시인협회가 펴내던 기관지 『현대시』 창간호에 '신인작품'으로 뽑혀 활자화된 시편이다. 이 시를 뽑은 것은 조지훈이고, 이로써 고은은 한국 시단에 처음으로 이름을 알린다. 1958년, 고은의 나이 25세 때다. 「폐결핵」은 고은의 초기 시의 병적 탐미주의를 가장 잘 드러내주는 시다. 비슷한 시기의 「사치(奢侈)」에서도 누님과 폐결핵 이미지는 반복하면서 변주된다. 「폐결핵」은 첫 번째 연과 두 번째 연으로 분리되어 있는데, 시 전체에 근친적 성애에 대한 끈적한 정념과 그 음영이 드리워져 있다. 모호함 속에서도 감출 수 없는 것은 시의 화자인 '내'가 소모적

---

[2] 고은 시집, 『피안감성』, 청우출판사, 1960.

질병인 폐결핵을 앓는다는 사실이다. 폐결핵은 영혼의 정화를 가져오는 낭만주의자들의 질병으로 알려져 있다. 폐결핵은 육체를 소모시키면서 죽음에 이르게 하는데, 마지막으로 핏기가 없는 하얀 뺨에 어여쁜 붉은 섬광을 뿜어낸다. 폐결핵을 앓는 사람들은 쇠약함 속에서도 성적인 욕망의 과도함이 격렬한 것으로 알려져 있다. 삶의 최소주의에 내몰릴수록 삶의 과잉을 열망하는 비대칭적 역설을 보여주는 사례다. 지척에 다가온 죽음의 그림자가 짙어질수록 삶을 더 선명하고 극적인 것으로 의미화하려는 욕망도 커지는 법이다. 「폐결핵」은 뛰어난 감수성을 가진 문학청년이 폐결핵을 매개로 죽음과 애욕을 어떻게 선험으로 겪어내는가를 보여준다.

'나'는 파스 하이드라짓드라는 약을 먹고, 목련꽃이 피는 봄 뜰을 내다본다. '나'의 정서는 실내에 유폐된 요양자의 슬픔과 우울함으로 채색되어 있다. 그래서 '나'는 "슬픈 하루의 오후"를 보낸다. 폐결핵은 실존적 빈곤의 낭만적 변주이고, 누님과 형수는 폐결핵으로 현시된 '나'의 빈곤을 충만으로 바꾸는 모성의 구원과 여성적인 관능을 함께 가진 존재의 표상들이다. 첫 번째 연에서 누님은 언제 죽을지 모르는 환자인 '나'를 간호하다가 도리어 먼저 폐결핵에 전염되어 죽는다. 두 번째 연에서 누님은 형수로 대체된다. '나'는 형이 죽고 난 뒤 홀로 남은 형수에 대해 모호한 연정을 품는다. '나'-누님, '나'-형수는 무의식의 대극 기원으로서 결핍에 대한 보상을 자극하는 관계로 묶여 있다. 누님과 형수는 여성성의 한 원형으로 '나'의 영원한 결핍을 자극하는 존재들이다. 외롭고 슬픈 존재인 '나'는 무의식에서 누님에게 이끌린다. 그 이끌림은 어떤 것으로도 대체되지 않는 상상에서 대담하게 근친상간에 대한 갈망으로까지 나아간다. 그것은 현실의 도덕에서 용납될 수 없는 일임으로 '나'는 두려움에 빠진다. '나'의 폐결핵이 누님에게로 옮아감으로써 상상의 근친상간 관계가 이루어진다. 물론 시에서는 "누님의 간음", "한 겨를의 실크빛 연애"와 같이 매우 암시적으로 처리되어 있다. 이렇듯 시가 모호해진 것은 도덕적 판관(判官)들에게서 쏟아질 수도 있는 윤리적 비판을 피하기 위한 방편 때문으로 추측된다.

두 번째 연에서 누님이 퇴장하고, 대신 형수가 등장한다. 형은 죽고 형수는 홀로 남았다. 형수는 '나'에게 형의 이야기를 들려준다. 그러나 형의 이야기라면 '나'는 형수보다 아는 게 더 많다. 형수보다 먼저 형과 삶을 공유한 경험이 있기 때문이다. '나'의 상상 속에서 형은 죽음으로써 영웅이 된 자이고, 형수는 그 영웅을 잠재우는 미인으로 환치된다. '나'-형수의 관계는 '나'-누님의 관계보다 훨씬 더 대담하게 진술된다. "형수의 묵은 젖을 빨으며/고향의 병풍 아래로 유혹된다"라는 구절은 두 겹의 의미로 읽힌다. 두 겹은 성적인 것과 모성적인 것으로 이루어진다. 한 가지 의문이 떠오른다. 형수의 젖은 왜 묵은 젖일까? 한 번 결혼했던 여자의 젖이기 때문일까, 아니면 모유 수유의 경험이 있기 때문일까? 그 사실을 시인은 분명하게 밝히지 않는다. 형수의 젖을 빠는 행위가 실제의 일인지 상상의 일인지도 여전히 모호하지만, 형수의 젖을 빨기 위해 유아기로 퇴영하려는 '나'의 무의식을 엿보게 한다. 아울러 그 일이 "고향의 병풍 아래"에서 치러지는 것으로 암시함으로써 남들의 시선에 비켜난 비밀스런 장소에서 이루어지는 어떤 행위임을 드러낸다. '나'는 죽은 형과 자신을 동일시하며 "영웅을 잠재우는 미인"(형수)에게 자신을 의탁하고자 한다. 형수에게 "넓은 농지"

에 대해 물어보려는 것은 "형의 사후"를 잇는 일을 가계의 의무로 받아들였기 때문이다. "자고 싶도록" 가는 밤이 수많은 끝들의 하나이고, 형의 죽음 역시 수많은 끝들의 하나임을 말한다.

「폐결핵」은 누님과 형수와 연관된 내밀한 가정사의 드라마를 구축한다. 훗날 시인 자신에 의해 드라마의 기초적 사실인 누님과 형수의 존재가 부정되었다는 것은 공지의 일이다. 고은은 『우주의 사투리』(민음사, 2007)에서 "나에게는 누님도 없고 형이나 형수도 없었다. 누님은 내가 만든 문학의 허구였다"고 정리한다. 김현은 고은에 대한 최초의 본격 시인론인 「고은의 상상세계」에서 '누이 콤플렉스'를 핵심으로 고은 초기 시의 의미를 탐색하는데, 시인 스스로 누이 허구론을 자백함으로써 그 시적 진실은 여지없이 퇴색하고 만다. 「폐결핵」은 모호한 이미지들로 수놓여 있지만, 놀랍도록 뛰어난 언어에 대한 감수성을 가진 고은의 초기 시가 도달한 탐미주의의 한 정점을 찍는다. 누님과 형수의 존재가 부정되었다고 해서 이 시의 탐미적 미학이 감소되는 것은 아니다. 「폐결핵」은 금기로 여겨지는 가족 사이의 비밀스런 성애와 질병에 대한 몽상을 버무려 빚은 낭만적 탐미주의와 삶에 대한 깊은 허무주의를 오롯하게 보여준 시로 독자들의 기억 속에 오래 남을 만한 시이다.

4
고은의 선시(禪詩)에 관하여

『뭐냐』는 나와도 가느다란 인연이 있다. 스무 해 전쯤 나는 이 시집을 묶는 일에 관여했는데, 그 이전에 시인에게 선시(禪詩) 쓸 것을 요청했었다. 시인이 그 요청에 응답해 180여 편의 짧은 시편들을 쓰고, 그래서『뭐냐』가 나왔다. 이 선시집이 영어·불어·독일어·스웨덴어·노르웨이어·이탈리아어 등으로 번역되고, 다른 언어로도 번역 요청이 진행 중이라고 하니, 내게도 보람과 기쁨 한 가닥이 없을 수 없다.『뭐냐』는 절판의 운명으로 한동안 사라졌다가 다시 빛을 보는데, 여기 내가 문자 몇 개를 얹는 것으로 자랑스러운 인연이 이어진다. 그 인연의 엄중함마저 내려놓고 이 짧은 시편들을 기꺼운 마음으로 읽는다.

이 시편들 안에 삼라만상이 있고, 이 삼라만상에 감응하는 마음이 생동한다. "지렁이 기어간다 기어가다가 쉰다/이 하늘의 벗이여"(「지렁이」), 혹은 "뱀이 뱀의 길 잘도 안다"(「팔만대장경」)라는 시구가 무심히 노래하듯, 지렁이 기어간 자리에 지렁이 자취가 있고, 뱀이 기어간 자리에 뱀의 길이 있다. 삼라만상에 의지해 마음이 나아간 자리마다 마음의 자취가 있으니, 언어와 마음은 상호연동하고 그 자취가 이 선시들이다. 시인은 우주 만물이 움직이면서 만드는 기미들을 살피고, 그 안에서 돈오의 알곡들을 골라낸다. 시인은 어린아이를 만나 그 "천진난만"에 대책 없이 빠져버리거나(「어린아이」), 푸른 하늘을 보고 "이 사람아 실컷 울어라"(「푸른 하늘」)라고 느닷없는 권유를 하거나, "내일 죽을 개 죽을 줄 모른다/힘차게 짖는다"(「그믐밤」)라고 동물성에 깃든 무지한 고집을 꼬집거나, "저문 산더러/너는 뭐냐"(「메아리」)라고 뜬금없이 묻는다. 고은의 선적 언어들은 섞임, 권유, 비웃음, 물음들 표면을 가로지르는데, 그 속에서 시적 각성을 함의로 구축해낸다. 고은의 선시는 암중모색·모순형용·순간 각성·언어도단을 자유자재로 아우르고, 의미에서 달아나면서 어느새 의미의 의미를 구축한다.

막다른 골목 돌아선다
좋아라
여기저기
환한 불빛

정릉 어느 골목

―「골목」

가을 저녁
추운 물 바쁘게 흘러간다
그 물소리 유난 떨어
저만큼까지 이 아리며 들리는지
저문 들마저 귀 가다듬는다

―「냇가」

선시는 삶과 죽음, 자아와 타아, 자연과 문명적인 것, 미물에서 우주까지 소재를 가리지 않는다. 시인은 첫눈을 뜨고 말을 막 배우는 아이와 같이 삼라만상을 향해 "너는 뭐냐"(「메아리」)고 묻는다. 더러는 무지의 극단에서, 더러는 예지의 극단에서 전 존재로 삼라만상들에 쿵 하고 부딪치는 것이다. 서울의 범상한 골목도, 저문 들판을 가로지르는 냇물도 "너는 뭐냐"고 묻는 시인의 물음을 피해가지 못한다. 골목을 돌아서자 어둠과 함께 "환한 불빛"들이 나타나고, 그 불빛으로 인해 마음이 밝아지고 가벼워진다. "환한 불빛"이 낯선 골목의 막다름과 거기 가득 찬 어둠이 마음에 일으킨 무거움을 덜어내기 때문이다. 사람은 사람 속에서만 사람이다. 이 진리는 선시 속에서도 또렷하다. "환한 불빛"은 거기 사람이 살고 있다는 물증이고 신호일 뿐만 아니라 자신이 사람 세계의 일원이라는 확신을 준다. 그 확신으로 말미암아 기분이 화사해졌을 것이다. 가을 저녁의 추운 때 저문 들에 냇물이 저 혼자 흐른다. 아무도 없으니 저문 들이 귀를 쫑긋 해서 그 냇물 소리를 듣는다. 실은 그 물소리에 귀를 기울인 것은 시의 배후에 숨은 서정적 주체다. 그 주체가 숨고 대신에 저문 들이 그 자리를 차지한다. 겨울에 가까워져 차가워진 물이 시적 각성을 불러일으키는데, 이 각성의 순간은 선적 직관과 하나다! 뇌 속의 신경섬유다발을 통해 흘러가는 선적 직관의 벼락이 일체 사고의 흔적들을 지워버린다. 곧 닥칠 소멸과 죽음의 선험(先驗)들이 저문 들의 적요를 깨는 냇물 소리에 자리를 양보한다. 저문 들판에 남은 것은 냇물 소리요, 생각과 분별들은 그 소리 속으로 녹아들어간다.

천둥번개 치는데
깜깜한데
어린 놈 있다
에미 애비 있다
시퍼런 번개 불빛에 드러난 이 실재!
그렇다 삶이 아닌 이 부재!

―「세 식구」

실재와 부재, 현상계와 진실을 하나로 꿰어 엮는 솜씨가 돋보이는 시다. 깜깜한 밤―에미·애비·아이―번갯불이 치는 찰나―드러났다

사라지는 실재! 실재는 뒤집으면 부재의 사태이다. 모든 것은 있는 그대로이고, 이게 진실이다. 이게 노자가 말한 바 '현동(玄同)'—심오한 것에서 하나됨—이고, '묘(妙)'—진실—와 '요(邀)'—눈에 보이는 것—를 하나로 아우름이 아닐까? 시인은 이런 찰나들에 아주 민감하게 반응한다. 이것이 순간으로 겪어내는 통찰 체험인데, 바로 간뇌(間腦)에 내리꽂히는 벼락이다. 불교에서 말하는 견성(見成)인데, 모든 견성은 찰나를 타고 흘러든다. 시인은 의식적인 자아를 넘어서서 이런 견성에 드는 자를 말한다. 『뭐냐』의 작은 시편들은 사물들 위로 내리꽂히는 번개들의 찰나를 품는다. 이 찰나 시인은 현대의 병폐인 온갖 정보의 공격들에서 벗어나 그것들을 허깨비로 만들고 궁극적 실재와 마주하며 유유자적에 든다.

절하고 싶다 저녁연기 자욱한 먼 마을
—「지나가며」

빨래 펄럭이누나 보살이 보살인 줄 모르며
—「빨래」

단 한 줄로 끝나는 시에서 굳이 의미를 찾으려는 일은 뜻 없다. 의미 첨가를 시인 스스로 거절하고 있는 까닭이다. 여기에 말을 더 얹으면 얹을수록 말의 애매함과 불완전성만 더 드러날 뿐이다. 시인은 수사학적 술어들을 모조리 지우고, 단 한 줄만 남긴다. 절-저녁연기-먼 마을, 혹은 빨래-펄럭임-보살로 이어지는 언어의 흔적이 가까스로 생각이 낳는 의미 이전 상태를 견지한다. 의미 이전의 모호한 존재와 특화된 감정의 찰나들만 흥건하게 쏟아진다. 말의 내핍과 의미의 고갈은 정확하게 대칭을 이룬다. 이 대칭성으로 말미암아 의미 고갈을 향한 것에 대해 쏟아질 수 있는 비난에서 면죄부를 얻는다. 세목들을 생략한 여백의 자리에 느낌의 섬광만 남겨둔 것은 고도로 기획된 의식 활동의 산물이기보다는 시인에게 불교적 관습에서 체화된 습속이 남아 있기 때문으로 보인다. "저녁연기 자욱한 먼 마을"을 바라보며 절하고 싶은 것은 마음이다. 마을은 사람이 모여 사는 공동체고, 저녁연기는 마을 안의 집집마다 밥을 짓고 있다는 징표다. 사람이 모여서 사는 것은 거룩한 일이다. 그 거룩함에 대한 각성이 절을 하고 싶은 마음을 불러온다. 절은 공경이고 극진한 예다. 이 절은 오로지 삶을 향한 것이다. 빨래는 제가 빨래인 줄 모른 채 펄럭이고, 보살은 제가 보살인 줄 모른 채 보살 노릇을 한다. 다만 바람이 불고, 빨래는 펄럭인다. 펄럭이는 빨래와 그 빨래를 바라보는 보살은 일체 모름이라는 혈통의 방계 친인척으로 묶인다. 이 한 줄의 시는 돌연한 느낌 그 자체로 늠름하고 굳세다. 의미를 완강하게 거부함으로써 저 서양 학자가 선을 두고 "의미의 태만에 대한 전쟁"[3]이라고 말한 그런 사태가 벌어진다. 해탈은 언어와 상징의 논리적 귀결이 아니다. 느닷없는 언어의 중지다. 무언어, 무자각의 황홀경으로 맞는 사태라는 해탈에의 꿈을 안고 용맹정진한 경험을 가진 시인이 이런 한 줄 선시에 탐닉하는 것은 어쩌면 피의 불가결한 끌림이기도 할 것이다.

---

3) 롤랑 바르트, 『기호의 제국』, 김주환·한은정 옮김, 민음사, 97쪽.

편할수록

불편하다

더 불편하다

왜 올가을이 내년 가을인가

—「일기」

선시에는 판단과 논리가 끼어들 여지가 없다. 생각은 관습으로써 인과론에 귀착한다. 인과론은 내면 지각에 이르기 위한 공리적 생각 놀음인데, 선은 그런 생각 놀음 자체를 깬다. 생각을 무찌른 자리에 그저 만물이 고요하다. 불가에서 나는 나다, 나는 내가 아니다, 혹은 이것은 이것이다, 이것은 이것이 아니다, 라는 모순화법이 드물지 않다. 선의 세계에서 무분별이 모순형용을 삼켜버리는 일은 다반사다. "무처에는 달이 있고 파도는 자고,/유처에는 바람 없는데 파랑이 인다(無處有月波燈, 有處無風浪起)"라는 선시를 보면, 모순을 물고 들어가는 게 선시의 수사학임을 깨닫는다. 편함과 불편함에는 차이가 없으니, 편함이 불편함이고 불편함이 편함이다. 이 모순형용은 편함과 불편함의 분별에서 시작했으나 결국은 무분별에 가닿는다. 굳이 분별하자면, 네가 편하다면 그건 불편함이다. 그 분별도 무분별 앞에서는 뜻을 잃는다. 분별은 생각 놀음에 지나지 않음으로 헛것이고 맹탕이다. 올가을은 드러난 사태지만 내년 가을은 드러나지 않은 미래-현실이다. 그러나 이 드러남과 드러나지 않음이 무분별 속에서는 아무 차이가 없다. 그러니 올가을은 내년 가을이다.

활 쏘아

핑

화살 박힌 데 네 눈

네 암흑의 아픔으로 달 떴다

—「달」

일자무식 육조혜능의 문답이 그렇듯이 선시는 논리가 아니라 초논리, 분별이 아니라 무분별, 언어가 아니라 언어 이전에 있다. 자꾸 논리를, 분별을, 언어를 들이대는 일은 어리석다. 여기 어디에 논리가 있고, 분별이 있고, 언어가 있나. 분별식(分別識)은 그 본질에서 주객의 나눔이다. 사상(事象)을 늘 주객으로 나눌 수는 없다. 그것은 지식의 몰지각을 깨닫지 못하는 문자 벌레들의 조급한 수작이다. 작은 앎들이 작은 지각들을 휘두르며 활발발지(活鱍鱍地)하는데, 이는 근본에서 몽매함이다. 진짜 앎은 알면서도 앎이 없고[知而無知], 앎이 있으면서도 아는 바가 없다[無知而知].「달」은 어떤 분별식도 없이 활—화살 박힌 데—눈으로 이어지는 이미지의 흔적이 가까스로 사유의 구조를 지탱한다. 말의 가뭄은 곧 의미의 홍수다. 네 눈은 화살 박힌 데, 뚫린 구멍이다. 달은 밤하늘에 난 구멍이다. 달은 구멍일 뿐만 아니라 네 눈이다. 왜 눈이 화살 박힌 데냐고 묻지 마라. 그 물음에 대답이 없다. 왜 "암흑의 아픔"으로 달이 떴냐고 묻지 마라. 그 물음에도 대답이 없다. 식[識]이라는 이차적 사고를 폐기하면 어둔 하늘에 덩실 떠 있는 달의 실재만이 또렷하다. 그 또렷함이야말로 세계 속에서 실재 하나하나가 모든 계시적 진리로 발견되는 사태일 테다.

크게 그르쳤다

차라리
일주문에서 돌아갈 일

—「대웅전」

"크게 그르쳤다"는 것은 사태 판단이고, 이미 분별이며, 큰 깨우침이다. 그런데 숫제 거두절미다. 뭘 어떻게 그르쳤다는 해명이 없다. 거두절미한 그 부분이 체성 감각 자료일 텐데, 그걸 지워버리니 측량할 길이 아예 없다. 우측 대뇌반구에 구멍이 뻥 뚫린다. 그 뒤로 이어지는 한 줄의 여백, 그리고 "차라리"라는 부사! 가차없이 생각의 촉발들이 잘려나간다. 대체 일주문과 대웅전 사이의 거리란 무엇인가? 일주문을 넘어 대웅전까지 걸어가서 그것을 일별하는 게 크게 그르침과 무슨 상관이란 말인가? 이 사물과 사물 사이에 엄연한 비인과성 앞에서 우리의 앎은 미미해지는데, 다른 한편으로 느낌은 돌올하게 솟구친다. 단박에 느낌이 앎의 자리를 꿰차는 것이다.

비 온 뒤 물 불었다
제비 열두어서너대여섯 마리 높디높다

—「낮」

앞산에 번개
뒷산 우레
이 가운데

돌멩이 벙어리

—「어느 날」

모기한테 물렸다
고맙구나
내가 살아 있구나
긁적긁적

—「모기」

세 편의 시들은 하이쿠를 간단하게 뛰어넘는다. 시인은 형체의 세계와 그 기미를 포착하는데, 비 온 뒤 풍경이거나, 번개와 우레가 번갈아 오가는 어느 날의 일기이거나, 모기한테 물려 긁적거림이거나 이것은 다 같이 실재들, 혹은 그것의 실감들이다. 비 온 뒤 공중 높이 나는 제비들, 번개 치고 우레 울어도 꿈쩍 않는 돌멩이, 모기 물려 몸 긁적이는 중생은 실재로서 오연하다. 언어 이전이고 언어 이후다. 이것들은 무위무작(無爲無作)의 상태에서 무언가에 대한 매임 없이 있다. 어설프게 다른 앎이나 의미를 첨가하지 않는다. 그 자체로 본래면목이기 때문이다. 판단하지 않고 분별하지 않기에 윤리나 도덕으로 비약하지도 않는다. 비 온 뒤 물 불고 공중에 제비 여러 마리 난다. 앞산에 번개 치고 뒷산에 우레 우는데, 그 사이에 돌멩이는 묵묵부답이다. 모기 물려 간지러운 허리를 긁적긁적 긁는다. 이런 정태의 찰나들에 큰 뜻이 스밀 리가 없다. 큰 뜻은커녕 차라리 의미의 고갈이고 의미의 바닥이다. 시인은 그 찰나들을 언어로 포획하되 일체 의미를 배제하고 상관하지 않는다. 의미화란 분별의 일이기에 무위(無爲)의 큰 흐름에

맡김으로써 그 자체를 공안(公案)으로 삼는다. 공안이라면 선의 불꽃인데, 생각을 멈추고, 관습적 이해에서 풀려나와야 그 불꽃은 타오른다. 삼라만상 그 무엇도 마음에 품은 순간 공안 아닌 게 없다. 삼라만상 일체를 공안으로 돌리는 게 선 행위이고, 이때 마음이 스친 자취들을 언어로 옮겨 적은 것들이 선시로 수습된다. 선시의 묘미는 의미 찾기라는 설왕설래를 폐기하고, 단어와 단어, 행과 행, 연과 연 사이의 여백에서 무의미의 놀음을 즐기는 데서 배가된다.

>이른 아침 뻐꾸기 세 마리 나란히 앉아
>이 세상 좋을시고
>저 세상 좋을시고 말없다
>어제 울던 뻐꾹뻐꾹 다 잊어버리고
>오늘 울 뻐꾹뻐꾹 아직 일러라
>이때가 제일 좋은 때!
>
>—「뻐꾸기」

선시는 언어의 감춤인가, 드러냄인가. 본디 선이란 은현동시(隱現同時)의 일이고[4], 여시묘각(如是妙覺)의 일이다. 감출수록 드러나고 드러

---

[4] '은현동시'에 대한 것은 츠앙의 『화엄철학』(이찬수 옮김, 경서원, 1997)을 참조할 수 있다. 징관(澄觀)의 '화엄현담'의 '은밀현료구성문'에 대한 설명으로 "매월 여드렛날쯤에는 달이 반은 빛나고 반은 어둡다. 바로 그 밝은 부분의 드러남이 긍정된다 해도 숨겨진 부분이 부정되는 것은 아니다. 마찬가지로 어떤 것의 현현은 늘 같은 것의 현현되지 않았거나 감춰진 부분의 존재를 암시하고 있다. 달의 밝은 부분이 드러나는 순간에 어두운 부분 또한 '은밀히' 그 자신을 세우는 것이다. 이것이 이른바 감춰짐과 드러남이 동시에 은밀히 세워지는 문(隱密顯了俱成門)이라는 이유이다"라고 말한다. —『화엄철학』, 228~229쪽, 재인용.
[5] 에이사이(明菴榮西, 1141~1215). 여기서는 제임스 H. 오스틴, 『선과 뇌의 향연』, 이성동 옮김, 대숲바람, 29쪽, 재인용.

날수록 숨는다. 뻐꾸기가 운다. 이 세상 좋을시고! 뻐꾸기가 울지 않는다. 이때가 제일 좋은 때! 이것은 사유의 궤적인가, 아니면 무사유의 총체인가. 시인은 말을 쓰면서 말을 버리고, 사유하면서 사유를 감춘다. 깎고 버림으로써 마침내 말의 뼈다귀에 이르고 싶음인가? 고은의 짧은 시들은 언어·사물·현전의 있음과 없음을 꿰뚫고 나간다. 말을 쓰면서 폐기하고자 하는 모순에 몸을 담그고, 이원적·상대성의 세계 분별을 지운다는 점에서 선 행위에 방불한다. "선은 세부적인 언어와 문자 너머에, 사고의 바깥에, 생각할 수 없는, 종국적으로 이해할 수 없는 곳에 존재한다."[5] 선시는 문자 너머, 사고의 바깥, 생각할 수 없는 곳에서 번쩍인다. 머무름이 없는 머무름이요, 얻는 자취 없이 얻음이고, 쓰임 없는 쓰임이요, 이름 할 수 없는 이름이고, 보지 않는 가운데 봄이요, 행함의 흔적 없는 행함이란 점에서 자명한 선 행위이다. "내일? 내일이 뭐냐?"라고 묻고 그 대답으로 "개 같은 놈!"이라는 욕설을 퍼붓는다(「거량(擧揚)」). 물음 자체를 파기하고, 물음의 시초로 되돌리는데, 이게 선 행위다. 혹시나 이 선시집을 읽으며 의미의 알곡, 일말의 깨달음을 기대했다면 실망한다. 선방에 들어왔으되, 그 들어왔다는 의식조차 놓아버려야 한다. 시인의 일갈에 귀기울이시라! "그냥 번뇌 망상 하고 놀다 일어나거라"(「선방(禪房)」). 이 짧은 시들은 꽉 차 있고, 동시에 텅 비어 있다. 그 둘이 실은 하나다. 선시들은 말로 할 수 없는 것들을 말로 하며 본질로 직격한다. 직격하며 대상을 깬다. 삼라만상에 들이대는 "너는 뭐냐"라는 물음이 그것을 깨는 망치다. 그 파쇄를 본질로 향유하는 것, 이게 바로 고은 선시의 본래면목이다.

5
삶도 사랑도 동사(動詞)다
―고은 시집, 『상화 시편―행성의 사랑』『내 변방은 어디 갔나』

시력(詩歷) 50년을 넘긴 고은이 근자에 시집 『상화 시편―행성의 사랑』(창비, 2011)과 『내 변방은 어디 갔나』(창비, 2011)를 동시에 펴냈다. 『만인보』의 시적 폭발을 괴력난신(怪力亂神)의 징후라고 읽었다. 만인의 삶을 두루 톺아보고 역사라는 큰 테두리에 비추어 그 뜻을 하나씩 새겨 꿰는 신묘한 솜씨로 시인은 이미 높은 경지에 들었음을 증명해낸 바 있다. 두 시집은 그 이후다. 먼저 『상화 시편―행성의 사랑』은 시인이 아내에게 바친 연시 모음집이다. 연시는 사랑의 현전이 빛바랠 수 있는 세월이 흐른 뒤에도 "오늘도 나는 감히 사랑의 떨려오는 처음입니다"(「사랑은 사랑의 부족입니다」)라고 쓸 수 있는 자만의 것이다.

모든 사랑은 '나'라는 일인칭을 기점으로 삼는다. 그 기점에서 출발해 "걷잡을 수 없이 참을 수 없이"(「지각」) '너'에게 미쳐가는 도정이다. 끝내는 '너'에 대한 갈망에 바치는 '나'의 헌신, 몸과 마음의 아낌없는 바침, 얼빠짐으로 귀결한다. 사랑은 본질에서 이타주의의 원시적 흔적이고, 그 시원(始原)이다. 고은의 연시들은 한 사람의 만남, 헤어짐, 재회, 결혼, 임신, 나날의 일상…… 들로 이어지는 편력 속에서 얻은 사랑의 황홀경에 대한 예찬이요, 사랑의 중독성에 대한 성토요, 사랑의 불가피성이 불러오는 기쁨과 확신에서 우러나온 자랑질이다.

두 사람이 사랑으로 스미고 섞인 뒤 나온 시들이지만, 뜻밖에도 연시의 사인성(私人性)과 내밀함은 희박하고 시적 공공성이 엄연하다.

"너를 사랑해야겠다/세상의 낮과 밤 배고프며 너를 사랑해야겠다"(「서시」)와 같이 사랑에의 의지가 또렷한 반면, "어떤 새는 한 번 울고 죽는단다 왜 그러는지 모른단다"(「갈 곳」)와 같이 사랑 밖의 일들은 잘 모름 속에 있다. 잘 모름의 본질은 소극적 세계 부정이다. 이는 사랑 앞에서 어디로도 "도망갈 데 없"고, "화장실에서/내 오줌도 바로 숨죽"(「네가 화낼 때」)여야만 하는 압도적 영향 아래서 일어난 사태다. 고은의 연시들은 "그대와 나는 젖형제였는지 몰라/아니 누가 먼저 나온 줄 모르는 쌍둥이였는지 몰라"(「골백번」)에서 "사랑은 너무 늦게 내 몸에 박힌 화살들"(「지각」)이라는 각성을 거쳐, "사랑은 감히 한 시기가 아니라 한 생애 그다음까지이리라"(「춘당지」)라는 미래까지 선취하고 포괄한다. 사랑에의 의지는 기어코 사랑에의 앎으로 바뀌는데, 그 앎이 가닿은 궁극에 "사랑은 자못/사랑의 부족입니다"(「사랑은 사랑의 부족입니다」)라는 구절이 오롯하다. 오로지 사랑만으로 사랑의 황홀경을 감당하는 이 연시들은 결핍으로써 제 존재 증명을 하는 사랑의 인식론적 깨달음 위에 서 있다.

  언제부터인가 고은의 시는 교향악적 융합의 시다. 그 시들은 나와 너, 일인칭과 삼인칭, 삶과 죽음, 구체와 추상을 뒤섞은 융합이고 그것의 눈부신 육화다. 아울러 세계의 구태와 나태의 징표인 진부함을 뒤엎는 혁신의 역동성으로 빛나는 게 고은 시의 현재다. 가령 시인은 "가장 흉측망측하고 뻔뻔한 중심이라는 것"을 전면 부정한다. 왜? 그게 삶에 대해 가리산지리산하게 만들고 그 바탕을 파괴하는 가짜이고 짝퉁인 까닭이다. 중심을 부정하고 찾는 게 '변방'이다. 그 '변방'은 "호된 가난 견디어 온 광대뼈로/제사상 앞에 엎드리던 곳/백년대계 따위 소용없는 곳/궂은비 오는 날 끼리끼리이던 곳"(「내 변방은 어디 갔나」)이다. 비록 푸서릿길을 가는 '변방'의 삶일지라도 그것은 삶의 실체적 진실을 담보한다. 그리고 '변방 의식'은 혁신의 역동성을 낳는 시작점이고 당위론적 근거다.

『내 변방은 어디 갔나』에서도 그 점은 가차없이 또렷하다. "이토록 지엄한 암석의 하세월"(「태백으로 간다」)에서 "아하 너나 나나 다 진화 멈춘 지 오래"(「잠꼬대」)인 오늘에 이르기까지 거침없이 관습의 도식을 넘어서서 본질들을 꿰뚫는다. "살아가고 있다//또는//죽어가고 있다//쓰르르히 밤바람소리 인다 살아 있다고 횡경막께 아파온다"(「자정무렵」)라는 구절에서 마비를 깨우는 통증으로 더욱 선연해지는 삶의 구체적 실감들에 문명의 반생명성을 꿰고 나오는 "더이상 발견하지 말 것/다시 말한다/더이상 발견하지 말 것"(「포고」)이라는 명령문들이 포개지고, "소위 근대 보편의 은유들 너무나 오래되었다"(「다시 은유로」)라는 구절에 새겨진 문명사적 통찰들이 덧씌워진다.

시인의 그윽한 시선이 가닿은 곳은 "밀물로 오고/썰물로 가는 것 좀 봐", "따라서/저 개펄 게들 게새끼들 눈코 뜰 새 없는 그리움 바쁜 것 좀 봐"(「저 그리움 좀 봐」)라는, 생명들이 활동운화(活動運化)하는 기운들로 꽉 찬 곳, 그 생채(生彩)로 가득 찬 지공무사(至公無私)의 현실계다. 시인의 부정은 지극한 긍정이다. 그래서 「일몰」에서처럼, 이 세상은 단 한 번도 다시 태어나서는 안 될 누추한 세상이면서 동시에 여섯 번이나 일곱 번씩 다시 태어나고 살아야 할 빛나는 세상이다! 그런 세상에서 이루어지는 삶도, 사랑도 다 동사(動詞)다. 동사로 삶과 사랑을 늠름하게 밀고 나가는 고은만이 유일하게 고은 이후다.

이 도서의 국립중앙도서관 출판시도서목록(CIP)은 서지정보유통지원시스템 홈페이지
(http://seoji.nl.go.kr)와 국가자료공동목록시스템(http://www.nl.go.kr/kolisnet)에서
이용하실 수 있습니다. (CIP제어번호: CIP2015003728)

시인동네 비평선 001 · 장석주 비평집
시적 순간
ⓒ 장석주

초판 1쇄 인쇄	2015년 3월 31일
초판 1쇄 발행	2015년 4월 10일
지은이	장석주
펴낸이	김석봉
책임편집	이현호
디자인	조동욱
펴낸곳	문학의전당
출판등록	제311-2012-000043호
주소	서울시 은평구 연서로11길 7-5 401호
편집실	서울시 마포구 마포대로 127, 413호(공덕동, 풍림VIP빌딩)
전화	02-852-1977
팩스	02-852-1978
블로그	http://blog.naver.com/mhjd2003
전자우편	sbpoem@naver.com

ISBN 979-11-86091-13-5 03810

* 이 책의 판권은 지은이와 문학의전당에 있습니다.
* 양측의 서면 동의 없는 무단 전재 및 복제를 금합니다.
* 잘못 만들어진 책은 바꿔드립니다.